高校课程思政研究

郭自景◎著

 中国友谊出版公司

图书在版编目(CIP) 数据

高校课程思政研究/郭自景著. -- 北京:中国友
谊出版公司,2024. --ISBN 978-7-5057-5931-2

I.G641

中国国家版本馆CIP数据核字第20246HD284号

书名	高校课程思政研究
作者	郭自景 著
出版	中国友谊出版公司
发行	中国友谊出版公司
经销	新华书店
印刷	北京四海锦诚印刷技术有限公司
规格	787毫米×1092毫米16开
	11印张262千字
版次	2024年7月第1版
印次	2024年7月第1次印刷
书号	ISBN 978-7-5057-5931-2
定价	68.00元
地址	北京市朝阳区西坝河南里17号楼
邮编	100028
电话	(010)64678009

PREFACE

立德树人是高等教育根本任务，思想政治教育是立德树人关键，课堂是教育教学主渠道。课程思政致力于打破长久以来专业教育与思想政治教育之间的"孤岛效应"，将立德树人的原则融入高校教学全过程，全方位、全员地进行。这一过程推动思政课程与其他课程协同发展，相互促进，共同构建育人大格局。

为适应新时代下高校发展的要求，高校在课程思政教育过程中应该推进新型的教学模式，打造互动课堂；鼓励应用型自主学习，培养创新思维；探索新型的考核方式，实践立德树人的理念。在不断的改革和发展过程中，学院的教师及教学管理工作者充分发掘和运用各门课程蕴含的思想政治教育资源，积累了丰富的教学经验及教学改革的创新思想，这些教育教学探索创新成果积极推动了人才培养质量的提升。课程思政是党中央在新时代教育发展中的重要战略部署，对提升高校思想政治工作质量具有显著意义，对培养社会主义建设者和接班人发挥着关键作用。高校需持之以恒地践行课程思政理念，明确教育教学改革规律，进一步强化教学方法创新研究，不断提高课堂教学质量与实效。推动习近平新时代中国特色社会主义思想深入人心，让其如阳光和空气般充盈每个教室，滋润每位大学生的心灵，培育能担当民族复兴重任的新一代人才。

本书结合"课程思政"理念的形成与发展过程，阐明了课程思政和思政课程的基本概念和相互关系，从不同角度介绍了课程思政的范畴，将课程思政的结构充分剖析和展现出来，同时明确了课程思政建设的主要内容。通过思政课程教授结合专业课知识的教学方式，在继续巩固思想政治理论课思政教育主渠道的基础上，充分挖掘通识课、专业课等其它各门课程教学中的思想政治教育元素，推动思想政治教育广泛覆盖于各门各类课程，进一步提升和改善各种专业学科的育人成效。

CONTENTS 目 录

第一章 高校课程思政的相关理念与背景 ……………………………… 1

    第一节 课程思政理念的形成 ……………………………………… 1

    第二节 课程思政实施的背景 ……………………………………… 18

第二章 高校课程思政的育人价值 ………………………………… 26

    第一节 课程思政的育人价值 ……………………………………… 26

    第二节 课程思政育人价值的实现困境及原因 …………………… 33

    第三节 课程思政育人价值的实现路径 …………………………… 39

第三章 高校课程思政实施的原则 ………………………………… 50

    第一节 德育为先原则 ……………………………………………… 50

    第二节 以人为本原则 ……………………………………………… 58

    第三节 整体设计原则 ……………………………………………… 64

    第四节 有机融入原则 ……………………………………………… 69

    第五节 特色发展原则 ……………………………………………… 75

第四章 高校课程思政实施的机制 ………………………………… 84

    第一节 动力机制 …………………………………………………… 84

    第二节 监督机制 …………………………………………………… 94

    第三节 评价保障反馈机制 ………………………………………… 101

第五章 高校课程思政实施的行动路径 …………………………… 109

    第一节 行政部门是课程思政的管理主体 ………………………… 109

    第二节 教学过程是课程思政的实施载体 ………………………… 111

    第三节 教师是课程思政的主导者与实施者 ……………………… 117

    第四节 学生是课程思政实施过程的客体 ………………………… 121

第六章　高校课程思政与思政课程的协同育人 …………………………… 124

　　第一节　思政课程与课程思政协同育人的内涵与特征 …………………… 124

　　第二节　科学把握新时代高校人才培养的本质要求 ……………………… 132

　　第三节　强化课程思政与思政课程协同育人意识 ………………………… 135

　　第四节　着力构建课程思政与思政课程协同育人机制 …………………… 138

第七章　高校课程思政存在的问题与对策 ………………………………… 146

　　第一节　课程思政存在的问题 …………………………………………… 146

　　第二节　课程思政存在问题的原因分析 ………………………………… 148

　　第三节　课程思政存在问题的对策 ……………………………………… 153

参考文献 ……………………………………………………………………… 169

第一章 高校课程思政的相关理念与背景

从中国传统教育思想的沿革，可以看出，注重对人的"德"方面的培育一直是中国教育思想的优良传统。它强调，要在知识学习过程中，融入道德教育，把对接社会发展和服务巩固政权的需要作为评价人才的重要标准。中华人民共和国成立后，教育秩序迅速恢复，国家十分重视对学生的政治与思想教育工作。期间，基于对此项工作认识的不断深入，再加上教育生态的逐渐优化，关于政治与思想教育工作的提法相继过渡为思想政治工作、德育、学科德育。全国高校思想政治工作会议召开后，作为对学科德育理念的一种深化和拓展，课程思政被正式提出来并得以迅速推广。它对于高校坚持社会主义办学方向、确保育人工作贯穿教育教学全过程、实现立德树人的根本要求等有着重要意义。近几年，不少专家学者对课程思政展开研究，从学理和实践两个层面深入探讨课程思政的内涵、价值与模式等问题，形成了一股研究热潮。

第一节 课程思政理念的形成

一、新中国课程思政理念的形成

中华人民共和国成立以来，思想政治教育在人才培养工作中一直都扮演着十分重要的角色。特别是随着我国各项改革事业不断深入，高校的扩招和高等教育的迅速发展，给思想政治教育带来了新的挑战，思想政治教育的主体和载体、立足点和导向性都发生了深刻的变化。总体来看，从新中国成立后的"政治与思想教育"发展到当前的"课程思政"，大致经历了三个阶段。

（一）从政治与思想教育到思想政治工作

中国共产党历来重视思想政治教育。自 1921 年诞生以来，中国共产党始终坚持把马克思主义理论与中国实际相结合，创新和发展思想政治教育理论，一直高度重视从思想上建党。中华人民共和国成立初期，1949 年 12 月 30 日在第一次全国教育工作会议上，时任教育部副部长钱俊瑞①同志就明确指出，"新区学校安顿后的主要工作，是进行政治与思

---

① 钱俊瑞，中国经济学家，江苏省无锡人；1929 年参加陈翰笙领导的无锡农村经济调查工作。1931 年加入左翼文化总同盟，任宣传委员。1933 年起任中国农村经济研究会理事。1935 年加入中国共产党。

想教育"，"其主要目的乃是逐步地建立革命的人生观"。1952 年 3 月 18 日中央人民政府教育部颁发的《中学暂行规程（草案）》和《小学暂行规程（草案）》中提出："应对学生实施智育、德育、体育、美育等全面发展的教育。"政治与思想教育不仅仅要深入中小学生，更需要面向高等院校学生，1955 年教育部副部长刘子载①在关于高等学校的政治思想教育工作问题上指出，"向学生进行政治思想工作的目的，就是不断提高学生的社会主义觉悟，培养学生的马克思列宁主义世界观和共产主义道德品质。政治理论课程是高等学校进行经常的、系统的政治思想教育最基本的形式"。1956 年，国家基本上完成了对农业、手工业、资本主义工商业的社会主义改造。此后十年内是我国政治与思想教育工作的探索期，这一时期我国普通高等院校的政治理论课的课程设置和教学内容逐渐由以新民主主义革命理论和政策为主，转变为以社会主义革命和建设的理论和政策为主。1957 年 2 月，毛泽东同志在《关于正确处理人民内部矛盾的问题》的报告中指出："我们的教育方针，应该使受教育者在德育、智育、体育几方面都得到发展，成为有社会主义觉悟的有文化的劳动者。"1958 年 9 月 19 日下发的《中共中央、国务院关于教育工作的指示》中提到："党的教育工作方针，是教育为无产阶级的政治服务，教育与生产劳动相结合；为了实现这个方针，教育工作必须由党来领导"，"共产主义社会的全面发展的新人，就是既有政治觉悟又有文化的、既能从事脑力劳动又能从事体力劳动的人"。

20 世纪 60 年代，"政治与思想教育"的称谓逐渐过渡到"思想政治工作"。1964 年 9 月 14 日下发的《中共中央宣传部、高等教育部党组、教育部临时党组关于改进高等学校、中等学校政治理论课的意见》（中发〔64〕650 号）指出，"高等学校、中等学校政治理论课的根本任务，是用马克思列宁主义、毛泽东思想武装青年，向他们进行无产阶级的阶级教育，培养坚强的革命接班人；是配合学校中各项思想政治工作，反对修正主义，同资产阶级争夺青年一代……政治理论课教师应当在自己的教学活动中，积极配合学校党、团组织对学生进行的思想政治工作。"此后，"思想政治工作"的说法一直沿用到改革开放初期。

（二）从思想政治工作到德育、学科德育

改革开放之后，教育部更加重视青少年思想政治教育，开始恢复和重建政治理论课程，强调"思想政治工作要多方协作"。1978 年 4 月，《教育部办公厅关于加强高等学校马列主义理论教育的意见》指出，"马列主义理论课与政治运动、形势教育、劳动教育、政治工作等，从不同角度对学生进行马列主义思想教育。各有侧重，不宜相互代替。"1978 年 4 月 2 日，邓小平在全国教育工作会议上的讲话中提出："培养人才有没有质量标

---

① 刘子载，湖南新宁人。1925 年加入中国共产主义青年团。1926 年转入中国共产党。曾任湖北省学联主任和青联主任、上海铁路总工会东方办事处秘书长兼宣传部部长、陕甘宁边区总工会秘书长、辽东省总工会主席。

准呢？有的。这就是毛泽东同志说的，应该使受教育者在德育、智育、体育几方面都得到发展，成为有社会主义觉悟的有文化的劳动者。"要掌握和发展现代科学文化知识和各行各业的新技术、新工艺，要创造比资本主义更高的劳动生产率，把我国建设成为现代化的社会主义强国，并且在上层建筑领域最终战胜资产阶级的影响，就必须培养具有高度科学文化水平的劳动者，必须造就宏大的又红又专的工人阶级知识分子队伍。这些要求本身就是无产阶级政治的要求。1980 年 4 月教育部、共青团中央印发《关于加强高等学校学生思想政治工作的意见》，文件中提到，"学校的思想政治工作必须紧密结合为'四化'培养人才这个中心来进行，决不能把思想政治工作和教学、科学研究工作对立起来或割裂开来"，"要正确理解政治工作在高等学校中的地位和作用，善于把思想教育结合教学、科研去进行，并切实解决学生在学习、生活中的一些实际问题。"1981 年 6 月，党的十一届六中全会通过的《关于建国以来党的若干历史问题的决议》指出："要在全党大大加强对马克思主义理论的研究，对中外历史和现状的研究，对各门社会科学和自然科学的研究。要加强和改善思想政治工作，用马克思主义世界观和共产主义道德教育人民和青年，坚持德智体全面发展、又红又专、知识分子与工人农民相结合、脑力劳动与体力劳动相结合的教育方针。"

至此，高校如何加强思想政治教育工作已成为国家层面迫切想突破的重大课题。1984 年中央宣传部、教育部印发《关于加强和改进高等院校马列主义理论教育的若干规定》（中宣发文〔1984〕36 号），强调"马列主义理论课和学校的日常思想政治工作是相辅相成、缺一不可的有机整体"。自此，马克思主义理论课和思想道德课组成的"两课"建设开始走向规范化。为贯彻党的十二届六中全会精神，进一步指导高校在日常教育教学过程中渗透思想政治教育工作，1987 年中共中央出台的《关于改进和加强高等学校思想政治工作的决定》（中发〔1987〕18 号）更是明确指出，"把思想政治教育与业务教学工作结合起来。要按照各个学科的特点，引导学生正确认识在校学习与今后工作之间的关系，解决好为谁服务的问题……哲学社会科学和文学艺术课程，应坚持以马克思主义为指导，努力联系我国改革和建设的实践，把思想政治教育贯穿到教学环节中去。自然科学课程的教学要注意讲述本专业在我国社会主义建设中的成就和当前要解决的重大课题……"。为了更好地将思想政治教育贯穿到教学环节中去，1994 年 8 月出台的《中共中央关于进一步加强和改进学校德育工作的若干意见》（中发〔1994〕9 号）中正式提出"学校德育"和"学科德育"的概念，明确"加强马克思主义理论教育是加强和改进学校德育工作的首要任务和根本措施，要整体规划学校的德育体系"，"按照不同学科特点，促进各类学科与课程同德育的有机结合……各门课程的建设应体现社会主义的办学方向和全面发展的办学指导思想，教学大纲和教学评估标准要有正确的思想导向"，要把德育贯穿在教育的全过程，落实在教学、管理、后勤服务的各个环节上。1995 年国家教委颁布《中国普通高等学校德育大纲》进一步指出，"要发挥各科教学中的德育功能，结合教学相关内容和各个环节，有机地对学生实施德育。"这是我国第一部全面系统规范高等学校德育工作的大纲，该大纲的颁布和实施对思想政治教育的建设提出了更高的要求。此后，中共中央更加重视对中小学生以及大学生的思想政治教育在学科及课程中的渗透。2000年12月14日，中共中央办公厅、国务院办公厅发出的《关于适应新形势进一步加强和改进中小学德育工作的意见》再次重申，"德育要寓于各学科教学之中，贯穿于教育教学的各个环节"。2004年中共中央、国务院下发的《关于进一步加强和改进大学生思想政治教育的意见》（中发[2004]16号）对"学科德育"理念做了系统概述，指出"高等学校各门课程都具有育人功能，所有教师都负有育人职责……要把思想政治教育融入大学生专业学习的各个环节，渗透到教学、科研和社会服务各个方面。要深入发掘各类课程的思想政治教育资源，在传授专业知识过程中加强思想政治教育，使学生在学习科学文化知识过程中，自觉加强思想道德修养，提高政治觉悟。"

（三）从学科德育到课程思政

进入21世纪以来，我国社会发展加快，大学生在许多方面都呈现出新的特点，它要求思想政治工作必须遵循党的思想路线"与时俱进"，富有创新性地展开。因此，《国家中长期教育改革和发展规划纲要（2010~2020年）》确立了"育人为本"的教育方针和"德育为先"的战略主题，指出要把德育渗透到教学的各个环节，增强德育工作的针对性和实效性。"学科德育"的理念提出后，《中共中央宣传部、教育部关于进一步加强高等学校思想政治理论课教师队伍建设的意见》指出："要切实改进高等学校思想政治理论课教育教学的方式和方法，以生动鲜活的事例、新颖活泼的形式，活跃教学气氛，启发学生思考，增强教学效果。"同年起，上海市启动实施"两纲教育"，即《上海市学生民族精神教育指导纲要》和《上海市中小学生生命教育指导纲要》，推进以"学科德育"为核心理念的课程改革，编制学科德育实施意见，整体构建大中小学德育体系，"把德育的核心内容有机分解到每一门课程，将社会主义核心价值观作为核心内容整体、科学、有序地融合进各学科，挖掘每一门课程的育人功能、增强每一位教师的育人责任"。办好中国特色社会主义大学，要坚持立德树人，把培育和践行社会主义核心价值观融入教书育人全过程；强化思想引领，牢牢把握高校意识形态工作领导权。

通过多年的实践，"学科德育"的工作取得了比较好的效果，在立德树人方面发挥了重要作用。但在实践过程中，高校越来越感觉到"进一步挖掘各门课程育人功能、调动授课教师积极性"的重要性。为此，2016年上海率先提出课程思政的育人理念，围绕"知识传授"与"价值引导"相结合的课程目标，构建"显性教育"（高校思想政治理论课）与"隐性教育"（综合素养课和专业课）相结合的课程内容体系，挖掘专业课思想政治教育资源与价值。上海在总结经验基础上，一方面，积极制订综合素养课程建设价值标准，围绕体制机制、课程设置、教师选聘以及教学方式等方面，强化政治方向和思想引领，突出综合素养课程的育人价值；另一方面，努力制订专业课育人教学规范和评价标准，编制课程教学指南，推广试点经验，努力彰显综合素养课和专业课的育人价值。

2016 年 12 月 7~8 日，全国高校思想政治工作会议在京召开，明确提出要求各门课程种好责任田、守好一段渠，与思想政治理论课同向同行。2017 年 6 月 2 日，教育部召开 2017 年高校思想政治理论课教学质量年上海调研片会暨高校课程思政现场推进会。2017 年 8 月，中共中央办公厅、国务院办公厅印发的《关于深化教育体制机制改革的意见》指出"要健全立德树人系统化落实机制。健全全员育人、全过程育人、全方位育人的体制机制，充分发掘各门课程中的德育内涵，加强德育课程、思政课程"。2017 年 10 月，党的十九大报告指出："要全面贯彻党的教育方针，落实立德树人根本任务，发展素质教育，推进教育公平，培养德智体美全面发展的社会主义建设者和接班人。"2017 年 12 月，教育部党组印发《高校思想政治工作质量提升工程实施纲要》，明确指出要构建课程育人质量提升体系。大力推动以课程思政为目标的课堂教学改革，优化课程设置，修订专业教材，完善教学设计，加强教学管理，梳理各门专业课所蕴含的思想政治教育元素和所承载的思想政治教育功能，融入课堂教学各环节，实现思想政治教育与知识体系教育的有机统一。可以说，该实施纲要为高校推进课程思政指明了着力点和突破口。2018 年 3 月，教育部部长陈宝生指出："要啃下一批'硬骨头'，包括教师思政、课程思政、网络思政等，解决思政课和思想政治工作发展中的一些难点问题。"其中，就把课程思政作为"硬骨头"来啃，可见课程思政是亟待进一步破解的大课题。

二、关于课程思政问题的研究综述

自课程思政提出以来，为全面实施党的教育原则、践行立德树人任务、发扬素质教育、推动教育均衡发展，培育具备德智体美劳全面素养的社会主义建设者与接班人，众多教育工作者对课程思政的意义、实施方法和构建策略等方面提出见解，探讨了课程思政的内涵、育人功能及构建策略，在理论研究与实践试点方面进行了尝试。

目前，课程思政的教育观念日益得到认同，特别是在高校中逐渐掀起了一股关于研究课程思政的热潮。从公开论文的数量上看，2016 年以来，以习近平总书记在全国高校思想政治工作会议上的重要讲话为契机，如何在课堂教学中融入思想政治教育，如何使课程思政作用于高校思想政治工作，成为新的研究热点。从公开论文的研究内容来看，以 2016 年为分界点，早期文献对于课程思政的研究以分析归纳上海、北京等地高校开展课程思政及类似思想政治教育方法的经验教训、提供可尝试方法为主要内容；2017 年以来，学界在充分吸取已有经验的基础上，讨论的要点是课程思政的实施目的、实施路径和宏观方法；2018 年开始，随着全国各地、各高校更多的一线思想政治教育工作者加入研究队伍中，相关文献主要以提出在某个具体课程或学科中融入课程思政的教学方法为主；2018 年下半年以来，由于各高校纷纷建设了课程思政教育教研队伍、开设了一批践行课程思政理念的示范课程，涌现了一批讨论课程思政具体实践中的得失与改进方法的文章。这些研究成果对推动课程思政的进一步完善和成熟起到了较好的作用，但从总体上看，相关研究仍处于探索阶段。

（一）聚焦课程思政的深刻内涵和育人功能

所谓课程思政，简单来说，便是高等院校所有课程都需发挥思想政治教育功能。充分运用课堂教学的主要途径，深入了解课程思政的丰富内涵，深刻掌握课程思政的价值内蕴，系统地策划课程思政的发展路径，对于高等学府坚定社会主义办学方向，培育具备道德品质和才能、全面成长的人才具有重大实践意义。

1. 探讨课程思政的基本概念

课程思政的实质并不是增加一门课程或者添加一项活动，而是将高校思想政治教育融入到课程教学和改革的各个环节和方面，实现立德树人、润物无声的育人目的。根据"知识传授与价值引领相结合"的课程目标，需要强化显性思政，细化隐性思政，并构建全课程育人的格局。具体而言，高校所有课程应划分为思想政治教育显性课程和隐性课程。显性课程是高校思想政治理论课，包括四门必修课和形势政策课，是对大学生进行社会主义核心价值观教育中的核心课程，在大学生思想政治教育中发挥价值引领作用；隐性课程包括综合素养课程（通识教育课、公共基础课等）和专业课程（哲学社会科学课程和自然科学课程）。前者在思想政治教育中发挥浸润作用，注重在培育人的综合素养过程中根植理想信念；后者发挥深化和拓展作用，在知识传授中强调主流价值引领。通过推动思想政治理论课显性育人与其他所有课程隐性育人相结合，使思想政治理论教育与专业教育协调同步、相得益彰，真正实现在课堂教学主渠道中全方位、全过程、全员立体化育人的目标。闵辉[1]《课程思政与高校哲学社会科学育人功能》一文中认为，课程思政的提出旨在实现学生德智体美全面发展，其背景是各类课程之间的协同效果低下、思想政治课与其他学科课程相互割裂，虽然"大德育"的观点早有提出，但全方位、全过程育人机制与平台的建设需要更进一步的教育资源整合，推动其他学科、课程授课教师参与到思想政治教育之中，通过发挥不同课程的育人功能，营造出同心协力的思想政治教育氛围。课程思政的特点在于思想政治理论课与其他课程整体化、思想政治教育的概念外延化、思想政治教育突破传统单向灌输方式，实现现代化。赵继伟[2]在《课程思政：涵义、理念、问题与对

---

[1] 闵辉，男，1971年11月出生，汉族，籍贯江西安义，研究生学历，法学博士，副教授，硕士生导师，1993年3月参加工作，1996年7月加入中国共产党。

[2] 赵继伟，男，1973年9月27日出生，汉族，中共党员，河南省南阳市人，博士，现为中南民族大学副教授、马克思主义学院副院长、硕士生导师，主要从事思想政治教育理论与方法研究。

策》一文中对课程思政的内涵进行了进一步的考虑，"思想政治教育"这一社会实践活动包括思想政治理论教育和思想政治实践教育，其中前者为主渠道，以课堂教学为主要形式，后者以实践教学为主要形式，将课程思政的概念进一步理解为：依托、借助于专业课、通识课而进行的思想政治教育实践活动，或者是将思想政治教育寓于、融入专业课、通识课的教育实践活动。

2. 思考课程思政的育人体系

与以往以思想政治理论课为主的"点""线"式课程体系相比，课程思政理念背景下的高校思想政治教育课程体系具有以下特点和价值：课程思政是一种整体性的课程观，有助于突破思想政治教育过于集中于思想政治理论课的瓶颈，缓解思政课程"孤岛化"的现实困境。课程思政以育人为核心目标，贯通不同学科和课程的功能，使得各学科课程都能真正参与高校育人工作，体现育人价值。因此，课程思政理念的高校思想政治教育课程体系能够更加全面地覆盖和贯穿教育过程中的各个环节，不仅有助于提高教育质量和效益，还能够有效地培养和塑造大学生的思想道德、文化素养和社会责任感，真正实现高校育人目标的实现。

课程思政有助于高校思想政治教育内涵和外延的丰富与拓展，极大地拓展了思政教育的内涵体系，使得高校思想政治教育不再只局限于思想政治理论课，而是拓展至所有课程；其内容也不仅局限于马克思主义理论和相关学说，而是转化为以马克思主义理论为主，包含文、史、哲、美学、伦理学、政治、经济、法律、物理、化学、生物等人文社科和自然科学在内的全方位内容体系。高德毅[①]在《从思政课程到课程思政——从战略高度构建高校思想政治教育课程体系》一文中认为，课程思政是以习近平总书记提出的"办好中国特色社会主义大学，要坚持立德树人，把培育和践行社会主义核心价值观融入教书育人全过程"为指引，着眼"又红又专、德才兼备、全面发展"的根本要求，以社会主义核心价值观为核心内容，构建全方位、全过程、全员育人的高校学生思想政治教育体系。课程思政是在现有高校思想政治课基础上辅以隐性思政教育，即推动通识教育课、专业教育课在大学生思想政治教育中的价值引领作用，以期改善高校思想政治教育资源匮乏、渠道不通畅的问题。课程思政的全面育人体系实施者包括思想政治理论课教师、专业课教师、校内外专家和辅导员，实施场景包括传统思想政治理论课和各专业理论课及课程思政背景下涌现出的其他综合素养课程。课程思政体系的构建核心在于实施者群策群力构建教学中有高度价值的"情景"，并通过"对话""合作"实现不同育人场景之间的对接，使大学生切实建构对思想政治理论课知识和内涵的意义，做到"真学、真懂、真信、真用"。

---

① 高德毅，男，1958年2月出生，浙江绍兴人。研究生毕业，硕士、教授。1976年参加工作。现任上海市教育卫生工作委员会党委副书记、上海市教育委员会副主任、新闻发言人，上海市人大华侨民族宗教事务委员会、外事委员会主任委员。

3. 辨析课程思政的转型功能

课程思政理念有助于高校思想政治教育的现代化发展和转型。在课程思政的指导下，各学科课程的育人功能不再是简单的知识传授，而是将价值引领融于相应的知识传授中，实现知识与价值教育的双重功能。不同学科知识、理论和方法的引入，将推进思政教育突破传统教育理念的局限，逐步摆脱单向灌输等传统教育方式的路径依赖，不断增进内容的知识性、学理性以及方法的多样性，形成更为科学、系统的教育体系，实现思政教育的现代化发展。此外，课程思政理念也能够推进思政教育的现代化转型，推动教育方式从传统的单向灌输向交互式、开放式、个性化的教育方式转变，从而更好地适应新时代大学生的思想需求，提升教育效果。因此，课程思政理念的应用对于高校思想政治教育的现代化发展和转型具有积极的推动作用。长期以来高校思想政治教育没有能够兼顾"育德"和"育才"的两者统一，课程思政能够在分方向培养的大背景下，扭转能力教育重于价值教育的不利现状，切实将"育德"融入高校全方位教育之中。闵辉在《课程思政与高校哲学社会科学育人功能》一文中说，课程思政不仅不是要取代或者弱化思想政治理论课，相反，它是要在激发其他学科课程育人功能、促进育人合力的同时，不断强化和提升思想政治理论课本身的教育功效。

4. 研究课程思政的引领作用

课程思政坚守主旋律，强调所有课程同向同行，对大学生的价值观培养能发挥引领作用。课程思政理念将高校思想政治教育贯穿于全课程中，以育人为核心目标，强调将价值引领融入知识传授中，构建全课程育人格局。其中，思想政治理论课作为主渠道，系统开展马克思主义理论教育教学；通识课程则注重在培养人的综合素质过程中根植理想信念，以人文素养涵养人心、培育人格；哲学社会科学和自然科学课程则强调在具体的知识、学理、技术等教育中凸显价值引领和精神塑造功能。这些课程相互补充，共同实现课程思政的目标和导向，为高校立德树人的根本任务服务。课程思政以课程为载体，以立德树人为根本，在培育时代新人的过程中必须坚持正确的方向，在潜移默化中引导新时代大学生全面发展。在课程思政推行中，国家层面和社会层面都扮演着重要角色。国家层面可以通过倡导主流意识形态，将主流意识形态融入显性教育和隐性教育中，以引导新时代大学生树立正确的世界观、人生观、价值观。同时，社会层面也可以通过自由、平等、公正、法治等核心价值观的普及和传播，熏陶高校大学生，使其在社会生活中更好地理解和应用这些价值观。综合而言，国家层面和社会层面共同助力，为高校思想政治教育提供更广阔的舞台和更为有力的支持。邱伟光[①]在《课程思政的价值意蕴与生成路径》一文中认为，实施

---

① 邱伟光，1937出生，浙江定海人。毕业于华东师范大学政教系，1960年起在华东师范大学任教，现为华东师范大学思想政治教育研究中心副主任，教授。并为中南矿业大学、河北科技大学等校兼职教授。

课程思政的意义首先在于能引导学生坚定道路自信、理论自信、制度自信和文化自信，让教育始终坚持为改革开放和社会主义现代化建设服务，为培养中国特色社会主义合格建设者和可靠接班人服务。另一方面，也在于践行"立德树人是高校立身之本"的办学理念，对于应对多元文化碰撞的挑战、引导学生辨析各种不同价值观的真伪提供坚强保障，确保高校育人工作走在塑造学生良好品德、传输社会主义核心价值观的正路上。

（二）探讨课程思政的构建策略

课程思政是对传统思想政治教育的一种创新和拓展，它主要包括以下方面：

首先，在观念上，课程思政打破了传统思政教育"点""线"式的课程体系，强调高校所有课程都应该具备思政教育的功能，以立德树人为目标，实现全方位育人。

其次，在队伍上，课程思政扩大了思政教育师资队伍，将思政教育教师延伸到各类课程教学中，实现了全员参与育人。

第三，在载体上，课程思政将思政教育扩展到了高校所有课程中，包括综合素养课、专业课等，将这些课程作为思政教育的载体，从而实现了思政教育与学科教育有机融合，打破了传统思政教育的孤岛化。

第四，在内容上，课程思政通过将主流价值观融入教学内容中，实现了知识传授和价值引领相结合，增强了课程思政的育人功能。

最后，在方法上，课程思政提倡采用启发式教学方法，通过引导、激发学生自主思考，实现了教育的双向交流和互动，增强了思政教育的针对性和实效性。

1. 课程思政必须牢牢把握五个关键环节

课程思政是现代高校思想政治教育的重要方式和手段，是高校思想政治教育的重要组成部分。课程思政的核心是将思想政治教育融入到各种课程的教学中，使学生在学习知识的同时接受思想政治教育。要实现这一目标，必须牢牢把握五个关键环节。

第一个关键环节是"思政统领、主渠道"。高校思想政治教育的主要渠道是思想政治理论课，是通过理论阐述、政策解读、实例分析等方式，引导学生在接受知识的同时了解和认识社会主义核心价值观和中国特色社会主义理论。其他课程应该依托思政理论课，将思想政治教育元素融入到各类课程中去。在各类课程教学中，应该加强教师的思想政治教育素质，积极引导学生树立正确的人生观、价值观和世界观。

第二个关键环节是"教育目标、价值引领"。在课程思政中，教育目标要始终坚持价值引领的原则。以培养学生的人文素养、思想道德素质、科学素质、创新素质和实践能力为目标，将教育的价值观渗透到课程的知识和技能中去，达到知识传授和价值引领相结合的目标。

第三个关键环节是"教学内容、育人特色"。课程思政的教学内容，应该贯穿社会主义核心价值观和中国特色社会主义理论。在各类课程中，要加强知识传授的同时注重育人特色的培养，通过课程教学实现学生的思想政治教育和综合素质教育。

第四个关键环节是"教学方法、育人过程"。教学方法要体现价值引领，让学生在知识学习中感受到思想政治教育的渗透和体现。同时，教学过程中要加强互动式教学、案例教学等方法，增强学生的思辨能力和创新精神，为学生的综合素质和创新能力的提高提供支持。此外，教学过程中也要注意创造积极向上的课堂氛围，营造开放、自由、民主、平等的教学环境，使学生在自由的氛围中思考问题，体验自由思想的力量。

育人过程则是将思想政治教育的内容融入课程教学之中，贯穿整个学习过程，实现全员育人。这个过程要注重个性化的培养，不同的学生有不同的需要，应该根据学生的特点和需求，采用不同的方式进行引导和培养。同时，要注重课外活动和社会实践等环节的安排和组织，为学生提供更多的机会和平台，让学生在实践中体验和实现思想政治教育的价值。

在这个关键环节中，教师是关键的因素。教师要具备高水平的教学素质和良好的思想政治素养，能够在教学过程中积极引导学生思考，帮助学生理解思想政治教育的内涵和价值，同时也要关注学生的个性差异，采用不同的方法进行教学和引导，让每个学生都能够受益并得到有效的育人。

第五个关键环节是"质量评估、保障机制"。在课程思政建设中，需要建立一套完整的质量评估和保障机制，对课程思政的实施效果进行定期评估和反馈，及时发现问题并进行改进。评估和保障机制要贯穿整个课程思政建设过程，包括课程设计、教学实施、教学效果评估等环节。同时，还需要制定相应的政策和制度，加强对教师的培训和支持，建立课程思政建设的长效机制，确保课程思政工作的持续、稳定和有效性。

2. 课程思政应打破课程壁垒、学段壁垒和教学模式壁垒

课程思政既是贯穿大中小学一体化的教育理念，又是要求在所有课程中都要贯彻执行的教育理念，各门课程、各个学段的教育都要做到因地制宜。邱伟光在《课程思政的价值意蕴与生成路径》一文中认为，高校教育是分专业展开的，课程思政的推行过程中不仅要重视思想政治理论课对其他学科课程的引领作用，也要重视思想政治理论课与各学科专业教育中潜移默化育人效应形成合力；这意味着，课程思政体系需要打破各学科之间，尤其是人文学科和科学学科之间的壁垒，实现各学科知识与人、与生活的多向交流关系；同时他提出课程思政的内容聚焦应做到因地制宜，如在应用型高校突出敬业精神、研究型高校突出创新意识等，并能够结合校风校训、革命历史，让课程思政符合教书育人的客观规律，具有亲和力、感染力。为适应不同阶段学生特点，任课教师要不断探索新的教学方法和手段。课堂讲授和理论灌输依然是中学和高校思想政治理论课教学必不可少的教学方法，但高校思想政治理论课教师也应从大学生年龄、专业特点，从充分发挥学生主体作用

入手，坚持以教师为主导、学生为主体，倡导专题式教学、任务驱动式教学、互动式教学，重视锻炼学生理论联系实际的能力，鼓励学生参加社会实践，培养学生独立完成任务能力，培养团队的创新精神和合作意识。

3. 课程思政在不同类型院校中的实施要区分重点

不同类型、不同学科领域的课程思政建设要根据特点和定位有所区分，把握好各门课程的德育功能，注重课程与思政的有机融合，不断探索和实践课程思政教育的新途径、新方法，为高校育人工作提供更加科学、更有针对性的方法和手段。对于文、法、经济、管理等人文社科类的课程，应该注重培养学生的人文素养、社会责任感、创新精神和国际视野。在这些课程中，教师应该把握学科特点，通过生动的案例、深入的思辨、丰富的实践，引导学生理解和掌握课程知识的同时，潜移默化地影响学生的思想观念、道德标准和价值取向。例如，文学课程不仅是一门文学鉴赏课，更是传递人文情怀、传播正能量的重要渠道；法学课程不仅是一门法律知识课，更是引导学生树立法治观念、培养法治精神的重要场所；经济学和管理学课程不仅是传授经济和管理理论的课程，更是培养学生社会责任感和创新精神的关键路径。在工科院校，思政课程作为公共课程不受重视，存在思想政治教育与学生职业发展脱节、学生价值观塑造途径不畅的问题。适合工学人才培养模式的课程思政体系应当能够结合我国改革开放浪潮中行业发展的特点与学生专业所需的操守与规范，具体而言，首先应该着力塑造工科学生的家国情怀，令其意识到社会主义现代化整体建设与其所在行业发展的相互作用；其次应该结合行业道德操守与职业精神开展课程思政教育。

4. 课程思政要准确理解综合素养教育与思想政治教育的异同

从课程体系来看，高等教育课程主要可分为思想政治理论课、综合素养课和专业课，三者间既有不同的教育任务分工，又相互联系、相互支持。石书臣[①]在《高校思政理论课与通识教育课程的关系探讨》一文中认为高校通识教育与思想政治教育的根本教育目的均是促进大学生的全面发展，二者均不是以"致用"为导向的教授专业知识与一技之长的课程；但二者也各有所侧重，通识教育课程侧重文化素质教育、淡化意识形态教育，而思想政治教育则侧重德育教育、具有鲜明政治立场和教学制度安排。因此，在课程思政改革中应避免思想政治理论课的通识化，思想政治理论课的教育应当围绕课程教学大纲、紧贴教育实际与育人目标的需要展开。同时，高校思想政治理论课应当做到与通识教育功能互补，共同培养健全公民的完整人格，以塑造大学生的全面素质。高校思想政治教育也可以借鉴通识教育灵活多样的教学方法，如经典阅读与案例分析相结合，发挥教师主导作用与

---

① 石书臣，男，教授，中山大学法学博士，上海师范大学马克思主义学院博士生导师，主要从事思想政治教育和马克思主义中国化研究。

学生自我学习的合力效应的同时，坚持正确的价值导向，确保通识教育课程的健康发展。

5. 课程思政建设要重视教师、教材、教育资源三要素

课程思政实施效果如何，很重要的一个因素就是教师教师在课程思政建设中扮演着不可替代的角色。教师首先要具有强烈的思想政治觉悟和正确的政治方向，具备高尚的师德师风和教育教学能力，注重课程思政理念的贯彻和落实。同时，教师还要注重个人修养和素质的提升，以身作则，做学生的表率，引导学生树立正确的人生观、价值观和世界观。教师应该通过教育教学的过程和手段，让学生在学习专业知识的同时接受到思想政治教育，让学生认识到自己的社会责任和历史使命，增强民族自信心和爱国热情。

教师的角色不仅限于课堂教学，还要参与到学生日常生活中，关注学生的成长和发展，及时发现和解决学生在思想政治方面的问题，与学生建立良好的师生关系。同时，教师还要注重团队协作和教学研究，加强课程思政理念在学校的宣传和推广，促进教育教学改革的深入发展。首先，从思想层面上，教师要转变教学理念，把关注学生发展作为教育追求之一。其次，从行为层面上，教师要成为知行合一的道德实践者与示范者。只有教师道德认知与其道德行为一致，才更有利于促进学生道德认知向道德行为，达到"亲其师"而"信其道"。教师在显性教育中发挥着价值导向的功能。邱伟光也认为教师是课程思政生成的关键因素，教师应扭转对传授知识的偏重，树立牢固的育人意识、具备传播价值的倾向，利用教学艺术提升课程思政的亲和力。

教材建设是高校课程思政的重要组成部分，它既是知识传授的载体，也是价值观培育的重要途径。教材的编写应当兼顾学科知识的传授和思想政治教育的引领，特别是在价值观方面，要体现党和国家的主流价值观，培养学生正确的世界观、人生观、价值观。同时，在内容和规范上也要严格把关，尽力避免脱离实际和教育方向，做到继承和完善现有学科体系，确保教材的质量和权威性。教材的建设还需要注重教师和学生的反馈，及时修订和更新，以适应社会和学科的发展变化。只有这样，才能实现课程思政的有效落地，促进高校教育教学的现代化发展。中国科学院院士、原上海交通大学校长张杰曾在接受访问时说过，应该通过加强高校思想政治课程体系建设，认真分析社会转型期的经济社会变化对大学生的生活方式、心理结构、价值观念等造成的影响，根据大学生的身心特点、成长规律、情感需要、接受能力和个体差异，编写教材，设计课程。除了书本教材和网络教材，还应该加强课外阅读教材的建设。例如，通过选取一些优秀的文学、哲学、历史等方面的经典作品，让学生在课余时间进行阅读，从中汲取人生智慧和价值追求。同时，教材建设也应该注重多样性，考虑到学生的差异化需求和个性化特点，针对不同的学生群体、兴趣爱好和学科特点，开发出适合的教材资源，以满足不同学生的需求。教材的建设需要全社会的共同参与和支持。政府应该加大对教材建设的支持力度，鼓励高校积极申报、争取教育教学改革项目资金，用于教材建设和课程思政的实践探索。同时，学术界应该加强

教材建设的研究，积极参与教材的编写和修订工作，推动教材建设不断前进。

为了更好地践行课程思政理念，需要对思想政治教育资源进行深入挖掘。例如，应用技能型的工科课程可以在工程实践环节中探讨如何有效地融入思想政治教育元素，以促进学生的综合素质和创新能力的提升。而自然科学类的课程可以挖掘知识体系以外的求知品德、爱国精神等人文精神与育人价值，通过这些方面来引导学生在知识学习中汲取人文关怀和社会责任感。总之，每门课都应该深入挖掘课程中的思想政治教育资源，将其与知识传授和能力培养相结合，以实现全员育人、全过程育人的目标。在思想政治理论课新课设置实施方案中加强实践环节的教学，有力地推动思想政治理论课的教学改革与创新，既能提高学生的学习积极性，又能有效解决长期困扰思想政治理论课教学中的一些难点问题，真正达到"学马列要精，要管用"的目的。同时，课程评价体系也应与时俱进，不断明确各门课程的思想政治教育元素，从教学内容、方法、平台等多维度保障课程思政教育教学质量。

三、新时代践行课程思政理念的重大意义

除思想政治理论课外，其他所有学科的课程都应加强思想引领，使教育贯穿于各门课程中。每一位教师都应该发挥好育人的作用，实现全员育人、全过程育人。践行课程思政的理念，贯彻落实习近平总书记重要讲话精神，不仅是提高思想政治理论课的教学效果、提升思想政治工作质量的重要保证，更是培养时代新人的内在需要。在各门课程中，教师要注重教学内容与思政教育的有机融合，通过案例分析、课堂讨论等方式，引导学生自主思考、独立判断，培养其批判性思维和创新精神。同时，教师应注重言传身教，以身作则，树立良好的师德师风，为学生树立正确的人生观、价值观提供榜样。

（一）有效提升高校思想政治理论课的教学效果

"高校思想理论课是高校思想政治工作的主要阵地和重要渠道"①，思想政治工作融入课堂教学目前也主要还是首先体现在高校思想理论课中。但是在实践教学中，思想政治理论课的课堂教学效果却不甚理想，常出现理论枯燥、课堂出勤率低、抬头率不高等现象。对大学生进行思想政治教育，主要是以课堂教学形式为主导，传授政治知识、引导思想认知。这种形式是以"直线式"思维为基础，教学内容相对滞后，教学方法相对单一，吸引力不够。此时，课程思政理念的提出，对改进当前思想政治理论课的教学效果有直接促进作用。

1. 有助于在全体教师中尽快确立起"全过程、全员育人"的理念

课程思政理念的实施，一方面要求所有的教师在课堂教学过程中，都要科学处理好知

① 顾海良. 高校思想政治理论课"要坚持在改进中加强"［J］. 思想理论教育导刊，2017.

识传授和价值引领的关系。在加强思想政治教育的总体目标下，每门课之间要共享信息、加强关联，每门课的授课教师都要增强育人意识和育人责任，交流互动，形成人才培养的全面联动机制。另一方面，能有效改变极少数非思想政治理论课教师中可能存在的"思想政治理论课是跟风课"的错误观念，逐渐认识到马克思主义理论和马克思主义中国化最新成果的博大精深；能有效扭转极少数师生可能持有的"思想政治理论课无用论"的错误观点，逐渐认识到马克思主义的重大价值，自觉增强对学马克思主义经典理论、学习新时代中国特色社会主义思想的认同。

2. 有助于进一步有效挖掘各学科课程的思想政治教育资源

之前的情况是，主动开展思想政治教育的仅体现在部分课程中，更多时候是少数职能部门的"单打独斗"和少数老师的"自主摸索"。这无法满足现实生活中学生的多元化需求，也不能适应新时代社会发展的复杂性、多变性趋势。通过实施课程思政，将更多的部门、所有老师都调动起来，对各学科、各课程中蕴含的思想政治教育资源进行深入挖掘，使学生在学习知识过程中，提升自己的能力、完善自己的人格、培养自己的正确价值观，将个人成长与社会发展协同起来。

3. 有助于逐步形成合力育人的体制机制

通过实施课程思政，一方面，能推动各类课程教师逐渐形成齐抓共管、协同合作的育人合力，思想政治理论课教师将对学生的思想政治素质培养放在首位，综合素养课教师将培养学生的思想政治素质和综合素质结合起来，专业课教师把专业知识传授和价值观引领有机统一起来，形成优势互补的合力育人机制。另一方面，能推动学校各部门之间的通力合作，教务处和研究生院在课程建设上统筹协调、宣传部和文科处在课程内容导向上把好关、学生处和团委在社会实践环节做好设计、财务处和规划处等在综合资源保障上下功夫、服务保障部门积极做好全方位的配套支撑等，全校上下一盘棋、协作发力。

（二）有效提升高校思想政治工作质量

相比于传统的思想政治教育理念，课程思政在观念上有所突破、在载体上有所拓展、在内容的丰富和方法的创新等方面都有所提升。通过创新思想政治教育理念，主动转变思路，充分挖掘各类课程的思想政治教育资源，促进包括综合素养课、专业课在内的各类课程与思想政治教育有机融合，从而扩展思想政治教育的内涵与外延，实现全员育人、全过程育人的大思政局面，对于提升高校思想政治工作质量有着重要的意义。

1. 有助于推动线下思想政治工作与课堂育人形成育人合力

在传统的观念中，思想政治教育一般主要依赖线下的思想政治工作来承担。但课程思政的理念则认为，要发挥课堂的作用，加强课堂教学与思想政治教育的融合，强化通过课堂教学来增强育人的实效。

高校的使命不仅在于传授学科知识，更应该重视对学生的思想政治教育。课程思政作为一种新的教育理念，能够将思政教育融入到所有课程中，使得所有教师、所有课程都成为育人的载体，从而实现全员育人、全过程育人的目标。在课堂教学中，教师应该从教学目标出发，通过创新教学方法和措施，将思想政治教育元素融入到知识传授中，发掘各专业知识中的思想政治教育资源，培养学生的综合素质和创新能力。而这也是高校思想政治工作的重要组成部分，只有通过课程思政这种新的教育理念，才能更好地实现高校育人的目标，培养更多的时代新人。

教师在课堂教学中要注意理论与实践的结合，着眼于中国特色社会主义建设的实践，生动讲解中国的故事。此外，教师还应深入挖掘每门课程中的思想政治教育资源，从中引领学生理想信念和道德价值观。在课堂上，教师应该既注重学生的专业知识的学习，又注重育才与育德的统一，通过"润物细无声"的方式引领学生关心党和国家的发展，引领学生处理好个人成长与社会贡献的关系，为培养社会主义核心价值观提供理论基础，为践行社会主义核心价值观提供精神支撑。特别是一些德高望重的学科专家、知名教授，由于其本身具有较高的道德威望和学术权威，在学生群体和社会上具有较高的被认可度和被信任度，因此，他们在传授专业知识的过程中所传递出的家国情怀等正能量的内容，对大学生而言将更具有亲和力、感染力和渗透性。以课堂教学为载体加强大学生思想政治教育，将课堂主渠道功能发挥最大化，有助于与线下思想政治工作形成思想政治工作共同体，提升高校思想政治教育同质效力，发挥出全员育人的教育合力，能进一步提升高校思想政治工作质量。

2. 有助于实现思想政治教育由"阶段"育人向"全程"育人提升

高校的思想政治理论课主要集中开设在学生的大一和大二阶段，部分教师惯性认为进行思想政治教育是思想政治理论课的责任，这就使得思想政治教育呈现出"阶段"育人的特征，很大程度上制约着高校思想政治工作的整体效果。2017年2月，中共中央、国务院印发了《关于加强和改进新形势下高校思想政治工作的意见》，文件提出"要加强课堂教学的建设管理，充分挖掘和运用各学科蕴含的思想政治教育资源"，"要坚持全员全过程全方位育人原则，把思想价值引领贯穿教育教学全过程和各环节"[①]。高校在加强思想政治理论课建设的同时，还要发挥各门课程的育人功能，挖掘大一到大四每个阶段每门课程的育人作用，实现思想政治教育由"阶段"育人向"全程"育人提升。

课堂教学活动是大学的基本活动。如果思想政治教育工作都集中在前半段，那么当这些课程结束后，大学生的思想政治教育的课堂理论教学就会出现空白。由于思想政治工作是做人的思想工作，而人的思想又会呈现出主观性和复杂性的特点，不是一个阶段和一个

---

① 习近平总书记. 把思想政治工作贯穿教育教学全过程，开创我国高等教育事业发展新局面 [N]. 人民日报, 2016.

时期的集中教育就可以完成任务的，需要思想政治工作者持之以恒、久久为功的努力，需要将思想政治工作贯穿在大学生学习成长的整个阶段，才能实现"全程"育人的目标。因此，提升大学生思想政治工作的成效就必须超越"阶段"目标，树立"全过程"育人的理念。课程思政正是这一理念的体现，帮助思想政治工作实现由"阶段"育人向"全程"育人提升。

但课程思政并不是要增开一门课，也不是开展一项活动，而是挖掘专业课的育人资源，通过润物细无声的方式，实现全过程的育人引导。大学课程教学活动贯穿于大学的始终，课堂教学又是育人的主渠道。各门课程在传授知识的同时，做到价值引领和知识传授的统一，在传授知识的同时，隐性地开展思想政治教育，传播社会主义核心价值观。这样，既不会引起学生的反感，又能实现全过程的育人目标。高校老师应坚持"种好责任田""守好一段渠"，在课程教学中贯穿思想政治教育，这对于实现"全过程"育人的思想政治工作有着重要意义。

（三）回应培养时代新人的内在需要

习近平总书记在全国高校思想政治工作会议上指出，"做好高校思想政治工作，要用好课堂教学这个主渠道，思想政治理论课要坚持在改进中加强，提升思想政治教育亲和力和针对性，满足学生成长发展需求和期待，其他各门课都要守好一段渠、种好责任田，使各类课程与思想政治理论课同向同行，形成协同效应。[①]"这突破了过去将思想政治教育局限于思想政治理论课的观点，更成为新时期高校推动课程思政、发挥课堂育人主渠道作用的根本指针。充分理解课程思政，用好课堂教学主渠道，对于高校坚持社会主义办学方向、确保育人工作贯穿教育教学全过程、实现立德树人的根本任务等方面有着重要实践意义。

1. 能确保高校始终坚持社会主义办学方向

中国特色社会主义高校的根本性问题在于培养什么样的人、为谁培养人以及如何培养人。这一根本性的问题，直接决定着中国特色社会主义高校的办学方向。改革开放以来，中国共产党始终坚持中国特色社会主义方向，选择了一条从中国国情出发，又顺应世界发展潮流的中国特色社会主义发展道路，取得了前所未有的发展成就，为实现中华民族伟大复兴的中国梦奠定了坚实的物质基础。但是，中华民族的伟大复兴不是一朝一夕就能实现的，而是需要经历一个长期的过程，需要一代又一代人为之不懈奋斗。其中，高校无疑肩负着重大的责任，要始终把培养一代又一代的中国特色社会主义事业的合格建设者和可靠接班人作为初心和使命。

---

① 习近平总书记. 把思想政治工作贯穿教育教学全过程，开创我国高等教育事业发展新局面 [N]. 人民日报，2016.

围绕这一初心和使命，高校的发展方向就需要始终同中国特色社会主义建设的现实目标和未来方向保持一致，努力做到为人民服务，教民之所需，育民之所求；要始终坚持为中国共产党治国理政服务，确保党对高校的绝对领导，确立马克思主义在高校意识形态领域的主导地位；要始终坚持为巩固和发展中国特色社会主义制度服务，坚定道路自信、理论自信、制度自信和文化自信；要始终坚持为改革开放和社会主义现代化建设服务，培养中国特色社会主义合格建设者和可靠接班人。而要做到始终坚持社会主义的办学方向，高校就必须要进一步加强思想政治教育。践行课程思政的理念，让所有的老师、所有的课程、所有的环节都承担起"培养什么样的人、为谁培养人、如何培养人"的历史使命，就能更好地明确中国特色社会主义的办学方向，坚持社会主义大学的育人导向，把立德树人根本任务育人落到实处，确保社会主义大学人才培养目标的顺利实现。

2. 能确保育人工作贯穿教育教学全过程

一直以来，我国的教育事业都十分重视育人工作，把育人作为教育教学最重要的功能。知识传授是育人的重要基础，课堂教学是育人的主渠道，学用结合是育人的重要目标。"建国君民，教学为先"，中国教育的最大传统就是知行合一，朱熹讲"知是行之始，行乃知之成"，王阳明进一步提出了"行是知之始，知乃行之成"的主张，"博学之、审问之、慎思之、明辨之"，最终的目的是"笃行之"，能否笃行是检验是否是真知的标准。

课堂教学是大学教学的基本途径，也是联系师生的纽带，更是生发教育意义的场所。课堂教学的重要性不言而喻，不仅是讲授专业知识的主渠道，也是开展思想政治教学的主渠道。在传授专业学识的同时，教师自身的修养和人格对学生也产生着潜移默化的影响。"学高为师、身正为范"，教师的教育教学过程同步也承担着思想政治教育的功能。在课堂教学过程中，通过加强马克思主义理论研究和建设工作，创新教学方式方法，增强思想政治理论课亲和力、说服力和感染力，实现对学生的育人引导；在通识教育中融入德育，润物无声地传达价值追求与理想信念；在专业课教学中，通过挖掘专业课中蕴含的思政资源，以专业知识为载体，通过教师的言传身教，实现对学生思想的引领。践行课程思政的理念，将思想政治教育贯穿于高校教育教学的全过程、全环节，能更好地提高育人工作质量，让一代代接受马克思主义理论武装起来的青年大学生真正成为建设和发展中国特色社会主义事业的栋梁之材。

3. 能确保实现立德树人的根本任务

人才培养是学校的根本任务，立德树人是学校的根本使命。当前，高校办学面临着复杂多变的国际国内环境，教育对象的个性十分鲜明、思想活跃，经受着各类思想观念交锋和多元思想文化碰撞的挑战。这虽然给高校的发展带来了机遇，也带来了较大冲击。学生的思想容易受到外界的影响，他们除了在学校中接受主流思想和社会主义核心价值观教育外，还会受到社会各类非主流舆论和其他价值观的影响。这就特别需要教师不仅要注重对学生知识和能力的培养，更要做好对学生思想引领和价值观的塑造工作。

因此，教师的全部使命不在于简单地向学生传授知识，还要解答学生在成长过程中遇到的疑惑，加强对学生的正向引导，将学生培养成"又红又专"的社会主义建设者和接班人。践行课程思政的理念，明确要求教师在教学、科研、管理和服务工作中，既要服务于学科专业的发展，更要承载着对学生的精神塑造。高校要进一步加强对课程思政的宣传，引导全体教师在教育教学工作中自觉践行社会主义核心价值观，以社会主义核心价值观引领学生的价值成长和价值建构，澄清借助网络迅猛传播的各种错误思潮、消除它们对学生成长带来的负面影响，帮助学生们扣好"人生的第一粒扣子"，确保立德树人根本任务的实现。

第二节　课程思政实施的背景

一、实施的背景

当前，高校思想政治教育工作的发展面临重大的机遇和挑战。尽管近年来已经开展了一系列的思想政治教育工作，但高校学生思想政治教育"孤岛化"的困境依然存在，思想政治教育与通识教育、专业教育之间存在"割裂"的现象，导致教师对"知识传授"和"价值引领"的培养目标理解存在误区，学生对价值认同和政治认同不高，这严重制约了思想政治教育的实效性提高。因此，需要强化顶层设计与推进体制机制改革，从单一的"思政课程"向多层面、立体化的"课程思政"转化，使思想政治理论课、专业课程、通识课程"三位一体"，共同探索构建三全育人的"大思政"一体化育人体系。"课程思政"实施所面临的时代背景可以概况为以下三个方面：

（一）高等教育的根本任务

1. 立意于高校教育的使命

高等教育的本质目的是为了培养具有高素质的人才，因此本科教育是高等教育的基础和根本。为了实现高等教育改革和建设"双一流"大学的目标，必须注重立德树人，这是高等教育改革的方向。针对当代学生人生目标多样化、价值观多元化和信息获取多渠道化等特点，需要创新教学方式和方法，提高课堂教学效果，加强各门课程的教育作用，将"立做人之德"和"树有德之人"相统一，以促进学生全面发展和价值观的形成。

立德树人是实现学生道德内化的一种方式。它对于学生的世界观、人生观和价值观的形成具有重要意义。将立德树人融入到学生的日常教育中，融入到各门课程的教学和改革中，是新时代思想政治教育的重中之重。随着市场经济的不断发展，传统的课程体系已难以实现最初设定的思想政治教育目标，单一的传授式教学方式也无法满足学生需求，使得学生的政治素质和道德素质难以得到提高，难以认识到思想政治教育的意义。因此，结合实际，转换传统思想政治教育的教学模式势在必行。

2. 立意于高校人才培养的目标任务

高等教育的使命之一是培养能够推动社会文明进步的高素质人才。为了实现这一目标，对学生进行思想政治教育至关重要。科学的思想政治教育方法不仅需要在教学过程中发挥重要作用，也需要针对培养过程中出现的问题进行有效引导和积极解决。通过传播优秀传统文化和社会正能量等方式，将这些优秀品质内化于学生内心，实现知行合一。这既是高等教育人才培养的目标，也是建设"课程思政"的急需解决的问题之一。

社会发展规律和教育规律的双重警示表明，教育工作不仅应该注重知识传授，更应该以立德树人为目标，满足学生自身的发展需求。因此，高校需要积极寻找符合现代中国社会发展规律的办学之道，将"课程思政"的经验和价值追求代代传承下去，并将高等教育的发展方向与国家发展方向紧密联系在一起。

（二）高校思想政治教育的价值

新时代思想政治教育不仅要重视学生的知识和技能的培养，更要注重学生的思想道德素质的培养。它是一项多层次、全方位、多元化的教育活动，要涵盖各个学科和教育领域，贯穿于教育全过程。在这个过程中，要注重培养学生的创新精神、实践能力和道德素质，使他们具备正确的世界观、人生观、价值观，成为有道德、有责任、有担当的新时代青年，为中国特色社会主义事业的发展贡献力量。

1. 充分认识新时代思想政治教育理念

思想政治教育的价值不仅在于引领学生正确的思想和价值观，更在于帮助学生认清现实社会的现象和问题，并提供应对方案。高校应该积极引导学生关注社会热点、了解国情，掌握实践技能，提高解决问题的能力。同时，要通过课程思政，引导学生理性看待历史，全面认识中国特色社会主义发展的伟大成就和取得的历史性变革，加强对中国特色社会主义的理论学习和理解。只有这样，才能真正落实思想政治教育的价值和意义，让学生成为真正的时代新人。

2. 落实好政治素质与道德素质教育

随着社会的不断发展，高等教育面临的任务越来越繁重。教育工作者们对学生的培养越发注重全面素质的提高，特别是在政治素质和道德素质的培养方面，越来越受到关注。政治素质和道德素质的教育是现代高等教育中最重要的一环，落实好政治素质与道德素质教育是高校为国家培养德智体美全面发展的人才的迫切需要。

政治素质是指一个人的政治认知和政治表达能力，具有时代性和发展性，是维护国家长治久安和国家利益的重要保障。在新时代下，高等教育应更加注重培养学生的政治素质，把国家的战略意图和政策倡导融入到教学中，以此引导学生积极关注国家大事、关注政治形势，了解国家发展战略和政策，提高对国家的认知、归属感和责任感。同时，高校应该创造多种形式的学习机会，让学生在充满挑战和竞争的社会中逐步成为一个有思想、有信仰、有担当的人才。

道德素质是指一个人在日常生活中表现出的品德和行为。高等教育应注重学生道德修养的培养，要发挥各种教育资源，让学生接受正确的道德引导和规范，养成遵纪守法、诚实守信、勇于担当、公正廉洁的良好品德，具备高尚的道德情操和价值追求，提高对美好生活的向往和追求。道德素质教育需要从课堂教学、实践活动、校园文化等多个方面进行。

课堂教学是高校教育的重要环节。教师应该通过课堂教学，帮助学生了解社会、了解国家、了解政治，增强学生的社会责任感和社会参与意识。此外，教师还应该注重对学生的思想政治引导，引导学生树立正确的人生观、价值观和世界观，教育学生成为具备责任感和担当精神的人才。在课堂教学中，教师可以采用多种方式加强思想政治教育，例如引导学生进行思想政治讨论、开展相关的案例研究、邀请有关专家进行讲座等，让学生能够深入理解思想政治教育的重要性，并在课堂之外能够将所学知识应用于实践中。

同时，为了让思想政治教育的效果更加明显，教师在课堂教学中还应该注重个性化的教学方式。针对不同的学生群体，教师可以采用不同的教学方式和方法，根据学生的学习兴趣、特长和需求，帮助学生在思想政治教育中获得更好的收获。例如，对于热爱文学的学生，可以在文学作品中引导学生深入思考人生价值和社会责任；对于热爱科技的学生，可以在科技创新的过程中引导学生理解创新的背后是对社会、对人民的责任与担当。

此外，在课堂教学中，教师还应该注重培养学生的批判性思维能力。通过对不同主题的思想政治教育，帮助学生了解多元化的思想，培养学生的批判性思维能力，让学生在思考问题时不仅能够看到问题的表面，更能够深入探究问题的本质，并从中汲取思想和道德上的营养。

（三）"育新人"的时代重任

要培养担当民族复兴大任的时代新人。青年兴则国家兴，青年强则国家强。高校培养时代新人，开创思想政治教育新境界，要始终坚持马克思主义在中国特色社会主义主流意识形态中的指导作用。

1. 培育正确理想信念的前瞻性

当前，社会发生了深刻的变革，人们的思想观念和价值观念也在不断地发生着转变。因此，高校思想政治教育必须具有前瞻性，及时把握社会发展的脉搏，积极拥抱新时代，紧紧围绕新时代的历史使命和人民群众的根本利益，引导和培育学生正确的理想信念。

首先，培育正确的理想信念需要具备前瞻性的思维。高校教育应该教育学生拥有未来思维，面向未来，掌握时代脉搏，以久远的眼光看待问题。只有把握时代发展的大趋势，才能够培养出具有前瞻性的人才，他们能够站在历史发展的前沿，了解世界发展的规律，有创新的思维和实践能力，积极拥抱未来，为祖国和人民作出更大的贡献。

其次，培育正确的理想信念需要强调人才培养的综合性。高校思想政治教育应该将人才培养的方方面面都纳入到考虑之中，包括知识、能力、素质、情感和态度等方面。只有全面培养人才，才能够形成具有前瞻性的人才队伍，他们既具有过硬的专业素养，也具备着高尚的思想道德品质，具有担当精神和社会责任感。

最后，培育正确的理想信念需要注重创新思想政治教育方式和方法。当前，信息技术发展日新月异，高校教育应该积极探索利用信息技术手段，创新思想政治教育的方式和方法。例如，利用互联网和新媒体平台进行思想政治教育宣传，采用互动式教学等方式，让学生在轻松愉悦的氛围中接受思想政治教育，从而更好地激发学生的思想创新和创新能力。

2. 融合人文精神与科学素养的必要性

人文精神强调的是对人类文明的尊重和关注，注重人的内在世界和精神世界的发展，而科学素养则强调对科学技术的理解和掌握，注重知识和实践的结合。在融合中，人文精神可以为科学素养提供价值引领，而科学素养则可以为人文精神提供实践支撑，相互促进，相得益彰。

首先，融合人文精神与科学素养有利于培养全面发展的人才。在现代社会，人才需要具备不仅仅是专业知识和技能，还需要有扎实的人文素养和广泛的科学素养。人文精神能够提高人的综合素质，增强人的人文情怀和人格修养；而科学素养则可以让人们更好地理解和应对复杂的现实问题，提高解决问题的能力和思维能力。融合人文精神与科学素养可以使人才在多个领域都有优秀的表现和出色的表现。

其次，融合人文精神与科学素养有利于促进科技创新。在科技创新中，科学素养是必不可少的，而人文精神则可以为科技创新提供重要的思想和文化支撑。人文精神能够为科技创新提供价值导向，使科技创新更符合社会需要，更具有人文关怀；而科学素养则能够为科技创新提供实践支持和理论指导，推动科技创新更快、更好地发展。

最后，融合人文精神与科学素养有利于促进国家文化软实力的提升。一个国家的文化软实力是由其文化和科技实力共同构成的，文化和科技的融合可以为国家文化软实力的提升提供更为坚实的基础。融合人文精神与科学素养可以使国家文化更具有深度和广度，更具有影响力和感召力，同时也可以为国家的科技创新提供更好的价值导向和人文支撑，从而提高国家的科技实力。

3. 优化课堂教学活动效果的紧迫性

随着社会的不断发展，高等教育面临着新的挑战和机遇。在这样的大背景下，如何提高课堂教学活动效果，使教育更具有针对性、实效性和质量性，是高等教育必须面对和解决的问题。

首先，优化课堂教学活动效果有利于提高学生的学习效果。课堂教学活动是学生获取知识和技能的重要途径，如何在课堂上引导学生进行有效的学习和思考，培养学生的学习兴趣和学习能力，对于学生的学习效果具有重要的影响。优化课堂教学活动效果可以使课堂教学更加生动有趣，使学生更加积极主动地参与到学习过程中，从而提高学生的学习效果。

其次，优化课堂教学活动效果有利于培养学生的综合素质。高等教育的目标是培养具备扎实学科知识、宽广视野和综合素质的高素质人才。优化课堂教学活动效果可以从多个方面促进学生的综合素质发展。比如，可以通过课堂互动、课程设计等方式提高学生的自主学习能力和创新能力；可以通过开展多样化的教育活动，提高学生的社交能力和团队协作能力；还可以通过培养学生的思辨能力和判断能力，提高学生的综合素质和竞争力。

最后，优化课堂教学活动效果有利于提升高校的教育质量。高等教育的教育质量是衡量高校综合实力的重要指标之一，也是高校获得社会认可和学生青睐的重要因素。优化课堂教学活动效果可以提高高校的教育质量，使教育更具有针对性、实效性和质量性，提高学生的满意度和学习效果，进而提升高校的综合实力和品牌形象。

二、"课程思政"实施的现实需要

高校在新形势下需要不断深化"课程思政"这一教育理念，激发思想政治教育的创新活力，让课程承载思政、思政寓于课程。

（一）推动"三全育人"落地的需要

立德树人工作需要不断完善教育治理体系，不断深化高校"课程思政"教育教学改革，在教学的全过程中推进全员、全方位育人的落地落实。通过整合各类育人资源，形成全社会共同关注、支撑的高校育人工作"大思政"格局。

1. "三全育人"落地的课程支撑

"三全育人"是高等教育的育人目标，要求学生在知识、能力和素质三个方面全面发展。而要实现"三全育人"，需要在课程中进行有效的教育和引导。因此，落实"三全育人"的重要手段之一就是通过课程思政来支撑实现。

首先，思政课程是实现"三全育人"最基本的支撑。作为思想政治教育的重要途径，思政课程不仅要传授理论知识，更要培养学生正确的人生观、价值观和世界观。思政课程还应该紧密结合实际，关注学生身心健康，促进学生全面发展。

其次，专业课程也是支撑"三全育人"的重要途径。在专业课程中，教师可以通过案例教学、课堂讨论、实践教学等方式，引导学生掌握专业知识和技能的同时，注重思想政治教育。例如，在商科专业中，可以通过商业伦理教育、社会责任教育等方式，培养学生社会责任感和担当精神。

此外，通识教育也是支撑"三全育人"的重要途径。通识教育注重跨学科、综合性的教育，旨在培养学生全面发展的基本素质。通过通识教育，可以引导学生了解社会、了解国家、了解政治，增强学生的社会责任感和社会参与意识。

2. "三全育人"落地的内容保障

首先，要加强课程思政，通过在各门课程中渗透思想政治教育的内容和方法，使学生在课程学习中接受思想政治教育，促进学生的全面发展。在教学中融入思想政治教育，不仅可以加强学生的思想道德建设，还可以提高学生的学习兴趣和参与度。

其次，要推进素质教育，注重学生综合素质的培养。通过多元化的教育方式，培养学生的创新能力、实践能力、交流能力和团队合作能力，促进学生全面发展。

同时，要开展特色教育，注重学生个性化的发展。学校可以根据学生的兴趣爱好和特长，开展相应的特色教育活动，如学生社团、文化艺术、体育运动等，提供丰富多彩的教育资源，促进学生全面发展。

此外，要注重实践教育，通过实践环节来促进学生的全面发展。学校可以开展各种实践活动，如社会实践、校内实践、实验实践等，让学生在实践中学习知识、提高技能，同时增强学生的社会责任感和担当精神。

最后，要强化教育评价，建立科学、全面的教育评价体系，从多个方面来评估学生的全面素质发展，包括学科知识水平、实践能力、思想道德素质、创新能力、团队合作等方面。通过教育评价来推动学生全面素质的提升，实现"三全育人"的目标。

总之，落实"三全育人"，需要建立具体的内容保障，通过课程思政、素质教育、特色教育、实践教育和教育评价等多个方面的支持，来促进学生的全面发展，实现高等教育的新发展。

（二）构建"大思政"工作格局的需要

立德树人工作需要良好的生态环境支撑，需要全过程的文化价值引导。"课程思政"的实施为实现理论知识的纵向贯通和横向联通，为构建一体化、精细化的课程体系提供可能。因此，构建"大思政"工作格局，需要探索更加适合教育教学理念变革的新模式，更好地提高"课程思政"实施的针对性，更好地服务于立德树人。

1. 以"学"创新"大思政"工作格局的需要

以"课程思政"为目标创新"大思政"工作格局的建设，需要充分挖掘每门课程和教学方式中的思想政治资源，更加注重启发性教育，健全学科建设、课程建设、教师队伍建设和教材建设，优化教育环境、拓宽教育渠道。在"课程思政"改革中，需要将主渠道和主阵地充分衔接，让思想政治理论课与整个育人过程成为一个有机的系统，使思想政治教育贴近学生的心，让可信的理论变得有价值。此外，发挥学校主体的协同作用，并将培养目标与教学内容形成高度融合。

在"课程思政"建设中，需要确立符合学生实际和社会发展需要的育人目标和育人方式。针对学生思想和特点，开设思想政治教育课程和专业课程的"双向渗透"，创新教学方式和方法，将思想政治教育与现实生活相结合。在教育内容方面，应注重国家的法制建设、文化传承、社会和谐、科学发展等问题，加强学生的国家观念和社会责任感的培养，使学生更加懂得珍视和维护社会和谐稳定的重要性。此外，还应通过多种形式开展校园文化建设，提高学生的文化素质和人文关怀，培养学生的人文精神和创新意识，让他们成为能够创新发展的人才。

在"课程思政"建设中，需要加强对教师的培训和教学指导，不断提高他们的思想政治素质和教学水平，让他们在课堂上更好地发挥思想政治教育的作用。此外，还应加强与家长的沟通和合作，让家庭和学校共同为学生的成长和发展负责，实现育人目标的有效衔接。

高校不断探索和尝试学习新的教学模式，使"课程思政"真正实现内化于心、外化于行。在"大思政"工作格局中坚持问题导向、遵循规律，形成党委统一领导、职能部门组织协调、院系具体实施、师生共同参与的工作基调。整合校内外一切资源和要素，提供有力支撑和保障，汇聚形成思想政治教育的强大合力。

2. 以"行"探索"大思政"工作格局的需要

实施"课程思政"是实现"大思政"工作格局的方式途径。思想政治育人需要学校各部门共同参与，需要贯穿学生在校学习的全过程。当前"大思政"工作格局的氛围仍未形成，教学、科研、社会实践、资助奖励、服务保障等各项工作中相互促进，协同育人的条件匮乏。"大思政"育人工作格局的构建，通过利用高质量师资队伍和丰富的育人资源来带动"大思政"教育工作的针对性，从而推进课程建设和学科建设的发展。同时，实施"课程思政"需要教师积极探索创新教学方法，结合实际，注重理论与实践相结合。在课堂中，教师要运用多种教学手段，如讲解、讨论、案例分析等，让学生能够在实践中掌握知识，同时引导学生对课程中的思想政治内容进行思考和反思。此外，高校还需要加强学生实践能力的培养，提高学生社会责任感和创新能力，让学生在实践中探索和发现自己的潜能。

在"课程思政"落地实施的过程中，需要高校各部门共同配合、协同合作，共同落实"三全育人"的育人理念，让学生能够全面发展和成长。此外，还需要加强对学生的思想政治引导，促进学生的全面发展和成长。只有在各方面的共同努力下，才能够真正实现"大思政"育人工作格局的构建，让学生受益于更加全面、深入、系统的思想政治教育。

在"大思政"工作格局中，强化"课程思政"建设，需要从课程设计、教材编写、教学方法、考核方式等多个方面入手，充分挖掘各门课程中蕴含的思想政治元素，将其融入到课堂教学中，提高学生对思想政治教育的接受度和认识度。

同时，还需要加强教师队伍建设，提高教师的思想政治素养和专业能力，让他们具备对学生进行思想政治引导的能力。此外，还需要在教学过程中注重启发性教育，让学生通过思考和实践来深刻理解和领会思想政治教育的内涵，促进学生的全面发展。

"课程思政"不仅仅是一种教学方式，更是一种价值观念和思想政治教育的体现。通过"课程思政"建设，可以让学生在学习过程中逐步形成正确的人生观、价值观和世界观，从而不断提升自己的思想政治素质和道德素养，成为有担当、有责任、有使命感的社会栋梁之才。

在今后的高等教育中，"课程思政"建设将成为立德树人的重要途径和手段，也将是高校育人工作的重要组成部分。只有不断推进"课程思政"建设，不断优化课堂教学效果，才能够真正实现高等教育的内涵式发展，为培养更多优秀人才做出更大贡献。

第二章 高校课程思政的育人价值

课程思政作为课程的载体，具有传授知识的本质属性，是学习者主动经历、理解和接受知识的过程，从而促进个性的充分发展。在明确课程本身具有育人属性的基础上，课程思政的育人价值主要体现在以下三个方面：首先，课程思政可以促进学生的价值观塑造；其次，课程思政可以传授知识，使学生具备丰富的知识储备；最后，课程思政可以培养学生的能力，使其在全面自由的发展过程中，实现自我价值的最大化。全面推进课程思政建设，就是要将价值观引导融入知识传授和能力培养之中，从而实现学生自由全面的发展。

第一节 课程思政的育人价值

一、课程的育人价值

课程是实施教育的主要工具，是知识和思想的传播渠道，而教育的价值决定了课程的价值。课程作为育人的载体，其价值主要体现在个体自由全面的发展和对社会的贡献上。因此，课程思政的育人价值在于通过课程的知识传授、能力培养和价值引导，促进学生价值观塑造和自由全面的发展，最终使学生成为具有社会责任感和创新精神的人才。在课程的设计和实施中，应当注重文化传递和选择，以培养学生的文化素养和创新能力，为社会和人类文明的发展做出贡献。

（一）本体价值是培养人

在讨论课程思政的育人价值前，我们需要先明确课程的本质和本体价值。作为教育活动的主要实施载体，课程的价值与教育的价值密不可分。教育的价值主要体现在对个体和社会的两个方面，而教育的本质是培养人。在这个基础上，课程的本体价值也是培养人，而最基本、最重要的价值则是在文化传递和选择方面。长期以来，国内学界对教育本体价值的讨论主要围绕其在政治、经济、文化等方面的功能体现，忽略了其对个体"人"的价值的关注。近年来，随着国家政治经济的发展和教育体系的完善，越来越多的学者认为教育的本质价值是培养人，而课程作为教育的主要实施载体，其本体价值也是培养人。因此，我们应该从课程的本质出发，明确课程的育人价值，将其融入知识传授、能力培养等方面，促进学生自由全面的发展。

每个人都需要在社会化的过程中接受各种训练和教导，而教育是这一过程中不可或缺的一部分。在现代社会，教育是人们获得充分发展的主要途径，而课程则是实施教育活动的主要载体。现代社会对高素质人才的需求越来越迫切，各类课程都要求学生具备多种素质和能力。因此，课程内容的选取和课程的内涵对个体的发展影响深远。课程内涵的丰富多彩有利于拓宽个体的知识面和视野，反之则会使个体的发展受到限制。因此，确定课程门类、选择课程内容以及组织课程都应该以个体的发展为中心，以实现课程的本体价值为目标。

课程的本体价值是培养人，这一观点表明课程的目的是为了促进学生的自由全面发展，这也是课程思政的育人价值所在。在实现这一目标的过程中，课程需要涉及知识的传授、能力的培养和价值观的塑造等方面，从而为学生的个性发展提供全面的保障。因此，课程的本体价值既包括了文化传递和选择，又包括了对人的育成和社会价值的实现。

在教育的历史发展过程中，人的社会化过程逐渐由学校来完成，这也表明了课程作为实施教育活动的主要载体的重要性。随着现代社会对高素养人才的需求不断增加，课程内容的选取和组织也愈加重要。因为课程内涵的丰富和全面性直接关系到个体的发展和人才培养。因此，课程门类的确定、课程内容的选择和组织都需要以人的发展为准则，以促进学生的自由全面发展为核心目标。

虽然课程的社会价值体现在政治、经济、文化等方面，但它们都是通过培养人来实现的。因此，课程的本体价值决定了它的社会价值，只有在促进学生的自由全面发展的基础上，课程才能够实现其社会价值。在实际教育活动中，教师需要根据学生的特点和需求，选取适合的课程内容和方法，以帮助学生实现自我价值，成为有用之才。同时，还需要对课程实施过程进行评估和监测，以不断改进和提高教育质量。

（二）基本价值是传递和选择文化

顾明远教授认为："教育的本质是促进人的发展，是通过传承文化、创新知识的过程促进人的发展，把一个属于生物的人培养成社会的人[①]"。那么课程的主要功能是通过传递文化来培养人，这个观点明确了课程的本质和基本价值，并指出了两者之间的联系。课程的价值不仅体现在本体价值即培养人方面，也体现在其他方面，如政治、经济和文化等方面。文化是人类生存和发展的基础，也是每个人生活中不可或缺的要素，因此可以说课程的基本价值是实现文化价值。从教育诞生的那一刻起，课程就承担着传承和传播文化的使命，因此课程与文化之间存在着密不可分的联系。一方面，课程是文化的承载体，课程的内容由文化决定；另一方面，课程也能够主动地选择文化。美国人类学家玛格丽特·米德（Margaret Mead）基于文化传递模式的角度将人类文化分为三种基本类型，即前喻文

---

① 顾明远. 教育现代化观念是教育现代化的灵魂. 人民日报，2016

化、同喻文化和后喻文化。前喻文化是面向过去的文化，因为成年人的过去是每个新生代的未来，他们为新生代的生活设定了基调。同喻文化中年轻一代互相效仿，拒绝新环境中成年人的行为模式，将老师和行政管理者视为对立面，不听从他们的教诲。而后喻文化是一种面向未来的文化，其中文化传递模式为长辈向晚辈学习，与前喻文化相反。这三种不同类型的文化传递模式可以简化为传承、传递和选择。传承和传递的区别在于教育者和学习者之间的关系，传递相较于传承更轻松亲密。基于此，可以认为课程与文化之间存在着两种关系，分别是课程传递文化和课程选择文化。

1. 课程传递文化

文化是历史沿袭下的意义模式，是人们用象征符号表达的传承概念体系，以传递知识和态度，实现交流、传承和发展。教育最初分离于社会生产劳动，承担起人类文明传承的使命。作为主要的教育实施载体，课程的价值体现在文化传递方面。在传递文化时，需要考虑两个方面：传递什么，以及如何传递。首先，要传递先进科学的客观文化和涉及思维方式、价值观念和道德伦理的主观文化。其次，传递方式不能简单地像倒水一样传输，而应通过人际互动和相互作用实现。除了在课堂上进行的传授，还需采用其他合适的方式，如实践教学和网络教学等。

2. 课程选择文化

在课程的关系中，相比于"传递"这一概念，"选择"更体现了课程的主动性。教育作为人类文化的不断组织和创造者，课程不仅是文化的传递者，更是教育活动中最主要和最活跃的因素，其对文化的组织和创造都是通过选择来实现的。课程选择的文化是人类文明中的精髓部分，即对人类社会发展最有价值的部分。通过对文化的筛选和过滤，课程实现了对人类文化的传承。课程的选择也需要是不间断的，因为人类社会在不断发展进步，人类文明也在不断更新和创造。教育前行的道路在人类历史文明中曾经被少部分文化所照亮，但随着时代的发展，这些文化也成为了教育发展的藩篱。因此，课程在传递文化的同时需要不断地进行选择，以获取更有价值、更符合时代要求的文化。

二、课程思政的育人价值

课程思政作为一种教学方式，承载着育人的使命。通过课程思政的实践，学生能够在知识传授的基础上接受思想道德和政治观念的熏陶，从而逐渐塑造积极向上、健康向善的人生价值观。具体来说，课程思政的育人价值主要体现在以下方面。首先，促进学生的价值塑造。通过引导学生深入思考道德伦理、社会责任等方面的问题，课程思政能够使学生更加自觉地拥抱正确的人生观、价值观和世界观，培养健全的人格，从而具备成为优秀公民的素质。其次，课程思政有助于知识传授。在课程思政中，知识传授不再是简单地灌输，而是在道德和政治观念的引导下，深入剖析知识的本质，增强学生的学科思维，提高学生的自主学习和创新能力。最后，课程思政能够促进学生的全面发展。通过加强实践活动和社会实践等环节的安排，课程思政能够拓宽学生的视野，促进学生的自由全面发展，使其在多元化的学习和生活环境中不断成长。在实践中，复旦大学和同济大学的课程思政实践取得了丰硕的成果，为课程思政的发展提供了宝贵的经验和借鉴。

（一）促进价值塑造、知识传授、能力培养三者融为一体

课程思政的育人本源在于促进对学生的价值塑造、知识传授、能力培养三者融为一体。这意味着，课程思政不仅仅是对知识和技能的传授，更重要的是对学生的整体素养的培养，包括道德、价值观、思想意识等方面的发展。通过课程思政，学生可以更好地理解和接受社会主义核心价值观，并在日常生活中将其贯彻落实，形成正确的世界观、人生观和价值观。同时，课程思政可以帮助学生将所学知识应用于实践中，并培养创新思维和问题解决能力。这种综合性的育人模式可以更好地满足当代社会对高素质人才的需求。

1. 于知识传授、能力培养之中实现价值塑造

当今世界正处于经济全球化和信息多元化的变革时期，国际合作交流越来越频繁紧密，覆盖经济发展、文化建设等多个方面。文化作为精神力量，具有指导学生思想价值层面的潜力，能够促进学生积极实践相关价值理念，实现和谐全面发展。因此，文化软实力不容忽视。在当今世界中，优秀的文化能够有效地塑造个体良好的性格和正确的思想观念，而不良文化则会阻碍个体形成正确的价值观念和坚毅的品格。尽管大学生是接受过高等教育的特殊群体，但由于深受多元、多变的社会文化影响，他们的思想和心理仍处于不平衡不稳定的阶段。因此，高校应采取科学合理的措施，引导学生汲取优秀的文化精华，抛弃糟粕，塑造正确的世界观、价值观和人生观。课程思政是解决这一问题的有利之举。

课程思政是在知识传授和能力培养的过程中实现价值塑造的，最显著的特点是符合隐性价值教育的要求，能够更易被学生理解和接受。课程思政的实施主体包括综合素养课程、专业教育课程和实践类课程。综合素养课程注重学生知识宽度的拓展，包括人文素养、科学与审美等内容，与德性养成和人格品质具有契合性和相通性。专业教育课程分为人文社科类和理工科类，涵盖与人类生活、利益相关的知识和强烈的家国情怀和丰富的科学精神。实践类课程则通过实践活动来了解所学专业的社会现状，引导学生对理论知识产生认同和内化，实现知行合一的思想。

课程思政作为一种隐性价值教育方式，在知识传授、能力培养过程中实现价值塑造，这是其最显著的特点之一。它能够帮助学生树立正确的世界观、价值观和人生观，塑造正确的人格品质，是高校育人的有效途径之一。而不同类型的课程在课程思政中发挥着不同的作用，例如人文社科类课程重在扩充学生的知识宽度，多以人文素养、科学与审美等为内容，强调爱国思想；专业教育课程则包括人文社科类课程和理工科类课程，侧重于传授

与人类生活、利益相关的知识，培养家国情怀和科学精神；实践类课程则通过实践活动的方式引导学生对所学理论知识进行认同和内化，践行知行合一思想。通过这些具体实践，课程思政在育人过程中发挥着重要的作用。

2. 知识传授、能力培养通过价值塑造实现效果升华

在实践中，课程思政并不仅仅是关注于价值塑造，而是将价值塑造、知识传授、能力培养三者融合在一起，以实现育人效果的最大化。在课程思政的实施过程中，教师需要注意平衡这三个方面的重点，确保课程思政的全面性和有效性。实践中的案例也表明，课程思政并未削弱课程的知识传授、能力培养功能，反而在这两个方面实现了效果升华。这是因为，价值塑造不仅仅是在课程内容中体现，更是通过课程教学的方式和方法来实现的，通过深入挖掘课程内容所蕴含的价值，将其贯穿于知识传授、能力培养的全过程中，以达到价值塑造与知识传授、能力培养的有机结合。这种有机结合的效果，不仅可以提升学生的学科素养，同时也能够让学生更好地理解和接受课程内容，并将其转化为自己的行为和思想准则，形成良好的学术、职业和社会价值观念。

当然，教师需要注意到的是，在课程思政的实施过程中，注重价值塑造不等于将课程的知识传授、能力培养方面放到一边。教师需要在课程的整个设计和实施过程中，关注价值塑造、知识传授、能力培养三者的平衡和协调，确保课程思政能够真正起到育人的作用。另外，需要注意的是，在价值塑造方面，要避免出现过于单一或强行灌输的情况，而是通过开展多样化、灵活性强的课程活动，让学生自主思考和探索，实现价值观念的真正内化。

课程思政的有效推进使得价值塑造、知识传授和能力培养之间实现了"1+1>2"的效果。这种效果体现在价值塑造必须通过融入在知识传授和能力培养中才能实现，同时知识传授和能力培养也必须依靠价值塑造来实现深化发展。传统的教育主要注重传授知识和技能，然而这些知识和技能缺乏热情和感性。如果没有正确的价值观念引领，学生只是追求知识和技能的习得，过程显得枯燥乏味，而且这些知识和技能在实际生活和工作中无法发挥出真正的价值。课程思政的有效推进通过价值引领，使学生更好地理解和掌握知识和技能的内涵，发挥其应有的作用和价值。此外，知识传授和能力培养也依靠价值塑造不断发展，从课程目标发展的角度对学生进行价值引领，促进学生更深入地研究相关知识和技能，实现知识和能力的高水平发展。课程思政的有效推进不仅使学生在正确的价值观念引领下更好地理解习得的知识和能力的内涵，还可以推动知识传授和能力培养的发展。如今，人们处于知识经济时代，以知识为基础、脑力劳动为主体的特点更加凸显，因此提高知识发展水平至关重要。课程思政的深入推进使课程目标得到了调整，除了包括知识和能力等传统目标外，还注重涵盖情感态度、价值观等目标，强调知识和能力的习得要以塑造学生正确的价值观念为导向，使知识和能力更有温度。

在高校理工科类专业课程中，通过观看科技进步史上的成功案例、回顾老一辈科学家的艰辛、展望国家未来发展对科技创新人才的需求等方式，可以激发学生的爱国情怀和报国热忱。这种价值引领不仅可以增强学生的爱国热情，更重要的是可以让学生深刻认识到自己所学专业知识和技能的重要性，并激励他们更加努力地学习和掌握这些知识和技能。

例如，复旦大学的理工科类专业课程，通过观看科技进步史上的成功案例等方式，激发学生的硬核精神，更好地投身于专业学习中，从而掌握更多的专业知识和技能。同济大学的交通运输工程学院，结合"抗疫"背景，以如何将物资运输到疫情防控前线为主要授课内容，引导学生理解如何以所学专业知识解决实际需求，激发学生的报效国家的热情。

这些做法都彰显了通过价值引领来推动学生学习和成长的重要性。通过将专业知识和技能与国家和社会的需求紧密结合，可以让学生更好地认识到自己所学的专业知识和技能的意义和价值，并激励他们更加努力地学习和掌握这些知识和技能，从而在未来为国家和社会做出更大的贡献。

（二）促进学生自由全面的发展

育人价值的最终目的在于促进个体实现自由全面的发展。在这一方面，马克思的崇高理想和价值观核心对于我们的教育理念和课程思政育人价值的具体表征都有着深远的影响。人的自由全面发展可以从以下四个方面体现：首先，人的需要的全面发展。人的需要是人的存在的基础，而且不仅仅是物质需要，也包括精神、文化等需要。课程思政应当引导学生认识到自己的需求，促进他们在各个方面全面发展。其次，人的个性的全面发展。每个人都是独一无二的，课程思政应该尊重和关注每个学生的个性特点，帮助他们发掘自己的潜力，充分展示个性特长。然后，人的能力的全面发展。人的能力不仅包括专业能力，还包括综合素质和创新能力等。课程思政应该注重培养学生的能力，从而让他们在未来更好地适应社会的需求。最后，人的社会关系的全面发展。人是社会的一份子，课程思政应该帮助学生建立健康的人际关系，积极参与社会，从而实现人的社会关系的全面发展。

1. 满足学生需要的全面发展

（1）满足学生知识的全面发展

在传授知识的同时，应该注重启发学生的思维能力，培养学生的创新精神和实践能力，帮助他们理解和掌握知识，提高自身的综合素质。

（2）满足学生个性的全面发展

学生个性是多种因素的综合表现，课程思政应该关注学生的特长和兴趣，鼓励他们发掘自己的潜能，发挥个人特长，实现个性化的成长。

（3）满足学生能力的全面发展

学生的能力不仅包括专业能力，还包括综合素质和实践能力等方面。课程思政应该注重培养学生的创新能力、沟通能力、团队协作能力等，从而使学生在未来的学习和工作中具备更强的竞争力。

（4）满足学生社会关系的全面发展

学生不仅仅是一个单独的个体，也是社会中的一份子。课程思政应该注重培养学生的社会责任感和参与感，引导他们建立积极健康的人际关系，培养他们的社交能力和社会适应能力。

2. 满足学生个性的全面发展

（1）要尊重学生的个性和差异

每个学生都是独一无二的，拥有不同的性格、兴趣和特长。课程思政应该重视学生的个性差异，提供个性化的教育，帮助每个学生在适合自己的学习环境中实现自我发展。

（2）要注重学生的自我认识和自我发掘

课程思政应该引导学生进行自我探索和发现，帮助他们发现自己的优势和潜力，并给予适当的引导和支持，让学生能够充分发挥自己的个性特点。

（3）要鼓励学生展示自己的个性

课程思政应该为学生提供展示自己个性的机会，如课程设计、社团活动等，让学生能够积极表达自己的观点和想法，发挥自己的才能。

（4）要提供多样化的学习体验和机会

课程思政应该提供多样化的学习体验和机会，让学生在不同的学习环境中感受到学习的乐趣和收获，从而更好地实现个性的全面发展。

3. 提高学生适应社会的能力

（1）注重培养学生的沟通能力

沟通是社会交往的基础，良好的沟通能力能够帮助学生更好地与他人交流和合作。课程思政应该注重培养学生的口头和书面表达能力，让学生学会以恰当的方式与他人交流。

（2）注重培养学生的团队协作能力

团队协作是社会合作的基础，良好的团队协作能力能够帮助学生更好地融入社会并取得成功。课程思政应该注重培养学生的团队意识、协作技巧和分工合作能力，让学生能够在团队中取得更好的表现。

（3）注重培养学生的创新能力

创新能力是适应社会变革和发展的关键能力，能够帮助学生更好地应对未来的挑战。课程思政应该注重培养学生的创新思维和实践能力，鼓励学生发挥创造力，解决问题，提出创新想法和方案。

（4）注重培养学生的社会责任感

社会责任感是公民意识的重要体现，能够帮助学生更好地为社会作出贡献。课程思政应该注重培养学生的社会责任感和公益意识，让学生认识到自己的社会责任和义务，积极参与社会公益活动，为社会作出贡献。

第二节 课程思政育人价值的实现困境及原因

本节课堂教学作为课程思政建设的主要渠道，强调教学是课程思政育人价值实现的基础，但审视现实课程教学的现状时，发现育人价值的实现存在着困境。课程作为传授知识的基本载体，着重于通过学习者的主动经历、理解和接受，促进个性的充分发展，并以课程教学过程为实现育人价值的过程。尽管课程思政本质上是一种课程，应该以育人为最终理想，但现实中的课程教学却过于注重知识和能力的传授，而忽略了最为本真的人文教育。

一、现实困境

教育是对人的精神层面的培养，而在现代化进程中，这一含义似乎逐渐变得模糊。受复杂社会环境影响，高校课程教学更注重向学生传授迅速产生效果的知识和技能，把人作为"工具人"来培育，对个体的心灵需求缺乏足够重视。知识传递、能力培养在教学中或许能得到满足，但价值观塑造却未受到应有关注，缺乏价值观塑造的课程教学导致课程思政育人价值陷入困境，因为价值观塑造、知识传递、能力培养三者相结合才能体现课程育人特点。探讨育人价值实现困境的原因，并重新提倡从育人视角推动高校课程思政建设的思路变得越来越紧迫。在此之前，需要先认识高校课程思政育人价值实现的实际困境，进而分析导致困境的原因，以期为高校实践课程思政提供更佳路径参考。

（一）教学目标方面

1."教书"目标是中心

以"教书"目标为核心的教育观念强调，教育的主要任务是传授知识、技能，培养学生具备扎实的学科基础和实践能力。在这一观念下，教师在课堂上的主要职责是传授学科知识，引导学生掌握相关技能，使他们在学术和职业领域具备竞争力。然而，单纯以"教书"为核心的教育方式存在一定局限性。首先，这种教育模式容易忽视学生的个性发展和心灵需求，可能导致学生在知识掌握的同时，价值观念和人文关怀方面的培养不足。其次，"教书"为核心的教育观念可能过分强调知识传递和考试成绩，使教育过程变得应试化，有碍于培养学生的创新精神和批判性思维。因此，现代教育需要在传统的"教书"目标基础上，拓展更为全面的教育目标。这包括培养学生的价值观念、人文素养、团队合作能力等方面的能力，关注学生的全面成长，使他们在学术成就的同时，也具备健全的人格和广泛的社会适应能力。只有在全面育人的理念指导下，教育才能真正实现其培养人才的使命。

2. "育人"目标缺乏具体的分解目标

这里将教学目标分为"教书"目标和"育人"目标两部分。"教书"目标涵盖知识传授和能力培养，而"育人"目标包括情感态度和价值观培养。实现教学目标的过程就是价值观塑造、知识传授、能力培养三者相互融合的过程。因此，可以认为"教书"目标和"育人"目标共同实现便是课程思政育人价值的体现。然而，在教学目标中，"育人"目标的内容较少，甚至可能完全缺失。此外，"育人"目标往往缺乏具体的分解目标，这导致课程教学中并未像"教书"目标一样具有明确的阶段性要求。为了解决这一问题，教育工作者应向学生传达最新的相关政策文件，引导他们理解国家方针政策的作用和意义，培养具有宽广视野、大局观、责任感和思想境界的合格大学生。尽管将这一教学目标视为"育人"目标是可行的，但它仅仅是最终达成的目标，尚缺乏具体的分解目标。例如，教育工作者应明确通过学习哪些内容，学生能够拓宽视野；在此基础上进行更深入的学习，学生的思想境界可以得到提升等。通过设定具体的分解目标，教育工作者可以更有效地实现"育人"目标，确保课程思政育人价值得到充分体现。

（二）课程资源使用重形式，轻实质

如今，教育部等国家部门陆续发布了课程思政相关文件，明确要求各地各高校积极推进课程思政建设，形成与思政课程同步发展的格局。为了响应国家号召，各学院要求打造课程思政的层次效应，实现全课程育人。但在实际操作中，一些教师为了迅速达到学校和学院的要求，出现了为了课程思政而课程"思政"的现象，课程与"思政"的分离使教学呈现"两张皮"现象，背离了课程思政育人的初衷。"两张皮"的教学具有显性化和形式化特征。显性化困境主要表现在思政属性方面，课程思政属于隐性思政教育，即"思政"元素不是直接传授给学生，而是融入知识传授和能力培养过程。然而，由于种种原因，教师在实际教学过程中常常讲授专业知识，穿插"思政"知识，使"思政"元素直接传授给学生，呈现出明显的显性化教学趋势，背离了隐性思政教育的要求。形式化困境则表现在教学实施上。与哲学社会科学课程具有明显人文属性不同，理工科课程中"思政"元素的挖掘困难。因此，一些理工类专业教师在教学中生硬地将工程伦理意识、科学精神、生态文明理念等融入专业教学，生搬硬套地使用课程资源。此外，部分高校的课堂设计缺乏特色，模仿其他同类型课程的现象严重。例如，某大学某课程的课程思政实施效果较好，其他具有相同或类似课程的高校会从教学方案、课堂设计甚至教室布置等方面进行模仿，试图通过复制表象形式推进课程思政的有效实施。然而，每所高校都有自己的特色理念和办学宗旨，脱离高校特色的课程思政难以实现育人的实质。

（三）教学方法方面

1. 时间方面，限定于规定教学时间

课程思政与传统课程的最大区别在于承担了价值塑造的功能，使得各种课程在价值引领方面发挥作用。价值引领即提升和强化学生的思想认知，促使其思想境界得以升华。与传统教学模式不同，课程思政旨在强化学生的思想建设，不可能在规定的教学时间内硬性要求学生达成情感态度和价值观方面的效果，因为这是一个潜移默化的持续过程，受到外界影响和自我强化的影响。然而，目前我国高校课程思政的实践情况存在一些问题。虽然课程思政在挖掘育人元素，将价值塑造、知识传授和能力培养相融合方面取得了一定进展，但与传统教学相比，课时安排、教学时间等方面仍未有太多改变。此外，课程思政大多局限于必修课、选修课等模块，时间安排仍然受到规定教学时间的限制，极少数情况下会在非教学时间上课，这不符合育人规律，导致学生的价值养成受到限制。

2. 空间方面，局限于"教室思政"

改革开放以来，我国高校多次进行教学改革，实践育人成为其中的一个重要方向。在课程思政理念提出之前，我国高校课程分为三类，分别是综合素养课程、专业教育课程和思政课程。近年来，我国高校逐渐增加实践教学环节，但这些实践教学多限于金工实习、生产实践等特定模块，未能更广泛地覆盖教学环节，无法根据实际教学需求进行调整。另外，课程思政的实施主体是综合素养课、专业教育课和实践课，但某些课程章节需要进行课外实践，才能更好地理解课堂所学。例如，法学专业的学生需要去法院、检察院、律所等相关机构观摩学习，了解我国当前社会的法制建设现状，而环境工程专业的学生可以通过走访、调研周围地区的水质，了解当地的用水情况，提升节约用水、爱护水资源的意识。然而，由于各种原因，学校只在某一阶段安排类似实习，其余上课时间均在教室内，缺乏实践的时效性。

（四）教师评价机制方面

1. 评价标准趋同化

教师处于不同的发展阶段，将面临着不同的问题和需要，拥有不同的发展意愿和能力，因此标准化评价无法凸显教师个人的差异性和需求，也难以真正促进教师的发展和改变。针对不同类型、层次的高校，教师的聘用、晋升等，高校应根据自身的特色和实力来制定具体的方案。然而，目前我国高校在教师的评价中主要依据显性、可量化的业绩评价，例如教学奖项、科研立项和科技竞赛等，其中科研业绩是评价指标中占主导地位的。有些高校甚至明确规定，科研成果可以量化为教学课时量，但教学课时却不能量化为科研成果。然而，学校的办学特色、目标和宗旨是不同的，教师的学习背景、个性特点和专业

成长过程也不同，因此学校应针对不同类型的教师制定不同标准的评价方案，以获得更真实、有效的评价结果。

目前，我国高校普遍采用大类评价的方式，即采用相同的评价标准来衡量不同类型的教师，例如专业课教师与公共课教师、教学教师与科研教师等，且科研业绩仍是评价指标中最为重要的因素。与此相反的是，师德师风、育人成效和教师发展潜力等可持续发展能力的评价却几乎没有被考虑进来。

2. 评价方式重量化

教师评价应当遵循科学研究的规律和知识产出的节奏，以促进教师持续发展为初衷，但当前高校的评价方式偏离了初衷，忽视了可持续发展能力的评级，重视科研业绩的数量指标，数量越多越容易脱颖而出。多次强调教育评价要"破五唯"，但短期内量化的评价方式依然盛行。这种评价方式的隐性要求迫使教师追求短平快的科研成果，忽视了科研本身的一贯性和连续性，论文和著作数量在评估过程中具有占比，教师追求数量达标而非质量优秀，忽视了科学研究的规律和知识产出的节奏。这种评价方式的弊端显而易见，容易导致学术泡沫现象严重，陷入一种追求数量的达标游戏。因此，评价应该更加注重可持续发展能力的评级，遵循科学研究的规律和知识产出的节奏，以促进教师的持续发展。

二、原因分析

如上所述，高校课程思政育人价值实现的困境主要集中于教学目标、教学内容、教学方法和教师评价机制四个方面。针对这些困境，需要剖析其原因，而这些原因则是多方面的。其中，一方面是由于对课程思政育人理念认知不到位；另一方面则是由于教师综合素养欠缺和制度机制不完善等因素所导致的，基于这三方面做具体分析。

（一）理念层面，缺乏必要的理性认知

1. 领导层缺乏育人引领观念

高校教育出现问题，既有来自外部的原因，也有来自内部的原因。领导层在内部原因中扮演着重要的角色，因为领导的理念认知缺乏一定的理性，导致高校教育出现问题。对于课程思政这样一个新的教学理念，在推进过程中难免会遇到各种困难和阻碍，但解决问题的关键是端正领导上的教育思想，解决领导层认识问题，并将思想付诸行动，以产生真正的效果。高校的"双一流"建设战略以一流学科推动一流大学建设，以最终建成中国特色世界一流大学，实现高等教育强国梦想为目标。然而，领导层往往更加重视学科建设水平、科研成果转化等方面，因为这些可量化的显性指标能够快速产生成效，对提升大学排名等也具有明显的作用。而对于课程思政的育人价值，则需要长期的过程来评价人才培养的质量。因此，领导者往往更倾向于在任职期间取得可视化的成绩，对于课程思政育人理

念的认知不足，缺乏足够的重视。解决这一问题的关键在于，领导层需要理解课程思政育人的重要性，并将其视为高校育人工作的核心部分，推进改革并为其提供足够的支持和资源。

2. 教师育人认知不到位

教师对课程思政建设的认知不足主要表现在两个方面：自身原因和外界环境。一些专业教师认为自己的职责只是传授知识和技能，思想引领是其他人的职责；还有一些教师认为思政教育会干扰专业教学，从而在教学过程中忽略了思想引领。然而，教师的使命是传道授业解惑，肩负着塑造灵魂、塑造生命、塑造人的重任。这表明了教师既要教书也要育人，价值引领是不可或缺的。此外，当前高校教师在短期内想要晋升，科研成为了最好的选择。对于个人短期职业发展而言，科研更能满足需求，而育人的成效需要长时间的检验，对于个人发展帮助较少。在科研的名利场中，部分教师开始淡化育人职责。

3. 基层管理者缺乏协同性认知

高校课程思政教学改革需要所有部门、所有人员的合作，而不是某几个人或某几个部门的责任。然而，目前协同育人理念更多停留在理念层面，离真正的落实还有一定的差距。当前，高校推进课程思政改革的主要是党政办、马克思主义学院、宣传部、教务处等部门和少数教师，其中基层管理者缺乏必要的协同性认知是主要原因之一。例如理工科学院或后勤处、资产处、大学生创新创业中心等部门，对课程思政这一概念还不了解，有些老师甚至没有听说过课程思政，协同推进课程思政变得不可能。一些基层部门的老师认为，课程思政作为一种新型理念，需要借鉴其他高校的成功经验，但不确定这些经验是否适用于本校，也许协同改革后未取得理想效果，基层管理者可能存在不想担责或尽可能少担责的思想。此外，还有一些老师认为，分工不同、职责不同，自己的工作职责就是完成学院、部门的任务，认为课程思政应该由更专业的教学老师推进。

（二）教师层面，综合素养欠缺

1. 人文知识积累及运用能力不足

高校教师的80%是专业教师，课程的80%是专业课程，学生学习时间的80%用于专业学习，因此专业课程教学是课程思政的最主要依托，专业教师是推进课程思政建设的主力军。课程思政要求教师在课堂教学中打破以往单一传授知识、技能的局面，明确专业教师同样应承担价值塑造的职责。然而，价值塑造不同于课本内容，它是隐含在知识、技能之中的。如何将价值塑造、知识传授和能力培养融合在一起，考验教师的人文知识积累和知识运用能力。只有拥有丰富的人文知识储备和娴熟的知识运用能力，才能自然有效地将知识、技能和价值观念传授给学生，实现课程思政的初衷——育人。然而，调查表明，当前高校教师尤其是理工科类专业教师，人文知识储备仅限于所教学科的专业知识，平时阅读哲学、人文科学和社会科学等书籍、文献的时间、精力较少，难以将科技伦理意识、工程伦理规范、家国情怀等价值思想传授给学生，也无法达到预期的教学效果。绝大部分高校教师不能通过主动学习来提升自身人文素养，这也是教师育人能力不足的表征之一。此外，学生思维的活跃性与教师价值供给的说教性、规范性教学之间本身就存在矛盾，也是目前存在的问题之一。

2. 育人元素挖掘能力不足

课程思政不是新增一门课程或新设一项活动，而是通过挖掘现有课程中的育人元素，实现对学生的价值观教育。每一门课程中都包含着无数专家学者用心血书写的经典案例和育人故事，这些案例和故事的背后蕴含着优良的道德品格、无私奉献的精神等卓越品质。深挖其中的价值思想并运用到课堂教学中，是课程思政的内在要求。然而，高校专业教师一方面囿于自身能力，只能按照传统教学要求教授理论知识和实践技能，加之某些课程专业性质过强，理性逻辑思维较重，专业教师无法探索课程内容中更深层的含义。另一方面，专业教师不愿花时间或精力去挖掘育人元素并加以教学利用，认为专业课只是教授专业知识和技能的，而情感、态度、价值观的培养是哲学社会科学等课程的教学要求，没有意识到每一门课程都有情感、态度、价值观的教育要求。这些要求也是思想政治教育的落脚点。因此，专业教师应该拓宽教学思路，挖掘课程中的育人元素，并将其融入到教学中，实现课程思政的要求。

（三）制度机制层面，缺乏目标性和导向性

1. 缺乏顶层设计和组织制度保障

高等教育系统化治理需要注重做好顶层设计，特别是在高校课程思政建设方面。有效的顶层设计应包括总体规划、明确目标、课堂教学导向、组织领导、调研督察要求以及专项经费保障等方面。在规划方案制定后，各学院需依据具体要求将规划内容落实落细，以及对实施效果进行评估。尽管各省份高校也积极宣传和推动课程思政改革，但在总体规划、保障实施和推进方面还有不足，特别是在课程思政改革专项经费等方面的具体规划和落实。为了有序推进和取得良好的效果，学校应在组织、制度方面提供支持。当前，大多数高校都已制定并发布课程思政实施方案等文件，但在文件中很难看到责任落实、资金保障、师资培养等具体举措。同时，高校虽然善于组织各种比赛和科技活动，但却很难找到与课程思政教学相关的活动，缺少对广大教师自觉主动从事课程思政教学的引导和激励。因此，高校应该完善相应的组织制度，提供课程思政教学比赛、课程思政教学名师表彰等活动，激励教师从事课程思政教学。

2. 评价机制中缺乏对育人成效的评估

在具体教育教学中，评价机制的重要性不言而喻，它可以在引导和激励教师的同时，

也能够促进教育教学的发展和进步。然而，在高校课程思政实践中，难以实现真正有效的育人效果，其中最主要的原因是缺乏对教师课程思政育人成效的评估。为了解决这个问题，应该将评估主体定位在学生身上，通过观察学生在具体情境中的选择和判断、老师、学生对其客观的评价以及对周围典型案例的阐述，综合评估学生对知识、能力以及形成的价值观的习得情况。然而，目前高校现有的评估机制中，对教师育人成效的考核主要参考教学获奖情况和课时数等可量化指标，教师职称晋升一般不受影响，而对学生学习效果的考核主要考量出勤率、课上回答问题的积极性及正确率、期中期末测试成绩等。这样的评价导向难以量化育人成效，对教师晋升的影响度也很小，导致教师在教学实践中更愿意将精力集中于"教书"方面。因此，需要改善评价机制，更好地体现课程思政的育人价值，使教师在课堂教学中能够更好地将价值塑造、知识传授、能力培养融合在一起，实现育人初心。

在教学层面分析高校课程思政育人价值实现的现实困境是本文的立足点。目前，课程思政在教学目标、内容、方法和教师评价机制等方面均存在育人不到位的问题。本文从缺乏必要的理性认知、教师综合素养欠缺、制度机制缺乏目标性和导向性等角度深入剖析了陷入困境的原因。这些分析主要解决的是人们对现实的认识问题。只有充分认识到当前高校课程思政育人价值实现的现实困境以及陷入困境的真正深层原因，才能为人们寻求解决路径提供坚实的基础。因此，本文的主要目的在于为下一步的研究提供路径依据。

第三节 课程思政育人价值的实现路径

教育的目的是促进人格的养成、价值观的升华以及道德品质的形成，而课程思政的育人价值则在于将价值塑造、知识传授和能力培养三者融为一体。然而，当前高校课程思政在实现育人价值方面存在一定的困境。从理念转变、课堂教学、师资和制度层面出发，可以提出具体的解决方案。首先，需要从理念上转变教育观念，将课程思政纳入教育体系的核心地位，使其在教育体系中发挥更大的作用。其次，在课堂教学方面，需要加强课堂互动和学生主体性，通过启发式教学等方式引导学生形成正确的价值观念。最后，需要加强师资培训，提高教师的综合素养和育人意识，使其具备更好的育人能力。最后，在制度层面上，需要建立具有目标性和导向性的评价机制，引导教师将精力更多地集中于育人目标的实现上。通过这些方面的实践，可以实现课程思政的价值引领功能，达成价值塑造、知识传授和能力培养的相互融合，形成全课程育人的局面。

一、理念转变，认知思政课程与课程思政的逻辑互构

（一）思政课程引领课程思政

思政课程是高校课程思政的核心，它具有引领作用。思政课程通过对学生进行丰富的价

值引领，塑造学生正确的人生观、价值观、世界观，从而实现育人目标。因此，在推进高校课程思政改革的过程中，思政课程应该作为核心，发挥引领作用，带动全校课程思政改革。

思政课程的引领作用主要表现在以下几个方面：

1. 课程设置引领

思政课程在课程设置上应该有针对性地引领其他课程思政改革，例如通过思政课程引导其他课程融入思政元素，加强其他学科的人文教育和价值引领。

2. 课程内容引领

思政课程的内容应该引领其他课程思政，如将思政教育理念、人文关怀、价值追求等元素融入其他课程中，促进其他课程育人效果的提升。

3. 教师队伍引领

思政课程的教师队伍应该成为其他课程的引领者，引导其他教师将课程思政理念融入到教学中。

4. 育人目标引领

思政课程应该成为高校全面育人的目标引领者，全面育人的目标应该贯穿整个高校课程思政改革过程。

综上所述，思政课程是高校课程思政改革的核心和引领者，通过课程设置、内容、教师队伍和育人目标的引领作用，促进全校课程思政改革的全面推进，实现全面育人的目标。

（二）课程思政拓展思政课程

课程思政是思政课程的重要组成部分，强调将思政教育与学科教育相融合，以课程为载体，通过教学内容、教学方法、教学环境等方面的设计和调整，营造出良好的育人氛围，达到培养学生思想道德素质和能力的目标。但是，课程思政只是思政课程的一个方面，要想实现全面的思政教育，还需要拓展思政课程的范围和形式。

首先，拓展思政课程的范围。当前高校普遍开设的思政课程以政治思想理论课为主，但是随着社会的发展和变化，学生所面对的问题和挑战也越来越多元化，单一的政治思想理论课程已经无法满足学生的需求。因此，可以在课程思政的基础上，拓展思政课程的范围，包括人文思政、社会思政、法律思政、职业思政等，通过多元化的思政课程，满足学生多样化的学习需求，让学生在不同领域的学习中感受到思政教育的引领和力量。

其次，拓展思政课程的形式。传统的思政课程通常以课堂授课为主，但是学生对于传统的课堂学习方式已经产生了厌倦，需要更加生动、多元的教学方式。因此，可以采用多种形式来拓展思政课程，如课外讲座、学术论坛、实践活动、社会实践、在线学习等，通过多元化的教学方式，让学生在不同场景下感受到思政教育的引领和力量。

二、课堂教学层面，推进润物无声的课堂建设

课堂教学是课程思政建设的主要渠道，实现课程思政的目标需要将其融入到课堂教学的全过程中。育人之道，润物无声，课堂教学也应该遵循这一原则，通过静默的教育方式来实现价值塑造、知识传授和能力培养三者的有机交融。教学内容的选取应当将价值观融入到知识和能力传授的过程中，以实现育人目标。而教学形式的选择则应该考虑学生的精神文化需求，学生是课程思政育人成效的主要评价对象，选择合适的教学形式可以更好地满足学生的需求。

（一）深挖"思政"元素，融入知识、能力教学之中

课程思政建设的核心是将思政元素融入到课程教学中，实现对学生的全面育人。传统的课堂教学中，知识和能力的传授是主要目标，而价值观念的引导则显得不够重视。这种现象说明对全课程育人理念认知不足，需要更加深入地挖掘思政元素，将其与知识传授和能力培养有机地结合起来，达到更好的育人效果。

综合素养课程是将学科知识、实践能力、道德素质等方面的要素有机结合起来，进行全面、系统的培养。在这样的课程中，可以通过多种形式深挖思政元素，例如通过案例分析、角色扮演等方式，引导学生深入思考社会现实问题、价值观念等，从而促进学生全面的发展。

在专业教育课程中，可以通过案例分析、课程设计等方式，深入探讨学科背后的思想和价值观念。例如，在工程类专业的课程中，可以通过案例分析探讨工程师的职业道德和社会责任，从而引导学生在掌握专业知识和技能的同时，培养正确的职业道德和社会责任感。

实践类课程是将课堂教学与社会实践相结合，促进学生的实践能力和社会责任感的培养。在这样的课程中，可以通过社会调研、志愿服务等方式，深入探讨社会问题、价值观念等，引导学生具备正确的社会责任感和价值观念。

在设计教学内容时，需要注重思政元素的融合和贯穿。通过多种形式、多种手段，将思政元素融入到知识传授和能力培养中，实现育人效果的最大化。同时，需要注重教学方法的创新和探索，从而更好地发挥课程思政的育人功能。

（二）基于学生成长环境和思想特点，丰富教学形式

在高校课堂教学中，如何基于学生成长环境和思想特点，丰富教学形式，使学生更好地获得知识和能力的同时，实现更全面的个人成长，成为了课程思政建设的重要问题。

首先，基于学生成长环境的特点，教师可以采取多种教学形式来促进学生的全面成

长。比如，对于大多数习惯于数字、图像、音频、视频等新型媒体的学生，教师可以采用数字化的教学资源，设计在线互动课程等方式，使学生更好地获取知识和信息。同时，对于部分学生来说，缺乏社交经验和自我表达能力，教师可以开展小组合作、角色扮演、讨论课等多种形式的教学活动，提高学生的合作意识和表达能力。这些形式化的教学活动不仅可以提高学生的专业知识和能力，还可以增强学生的个人魅力和社交能力。

其次，针对学生的思想特点，教师也应该有针对性地选择教学形式。在当前的社会中，年轻人逐渐注重自我表达和实践能力，强调学习和生活的平衡，教师可以通过设计案例分析、实验操作、实地考察等形式，激发学生的实践兴趣和动手能力。同时，在知识传授和能力培养的基础上，引导学生理解自己的个人成长和职业发展的价值和意义，鼓励学生主动探索和创新，让学生从被动接受转变为积极参与者和创造者。

最后，教师在丰富教学形式的同时，也应该注意保持教学内容的系统性和逻辑性。课程思政的实现不仅仅是将思想价值元素融入到教学内容中，更要在知识传授和能力培养的基础上，有机地融入思想价值元素，让学生在学习知识和培养能力的同时，能够理解知识和能力背后的思想价值。因此，教师应该在选择教学形式的同时，考虑到教学内容的系统性和逻辑性。例如，可以采用案例教学的方式，通过具体案例来展示知识和能力的应用，同时深化学生对相关思想价值的理解；还可以采用讨论和辩论的方式，让学生从不同的角度和立场去思考问题，拓展学生的思维和观点，同时培养学生对不同价值观的理解和尊重。

此外，教师在教学中还应该注意掌握好教学节奏和教学重点，确保课程思政的实现不会影响到知识传授和能力培养的进度和效果。要想在课堂中成功地融入课程思政，教师需要在教学设计、教学实施和教学反思等多个方面下功夫，才能够实现课程思政教育的有效推进和落地。

综上所述，丰富教学形式是课程思政教育的必要手段，是推动学生全面发展、培养综合素质和正确价值观的重要途径。在教学中，教师需要根据学生成长环境和思想特点，选择合适的教学形式，并有机地融入思想价值元素，同时注意教学内容的系统性和逻辑性，确保课程思政教育的有效实施。

三、师资层面，重构高校教师新角色

（一）高校教师要做经师和人师的统一

高校教师是课程思政建设的主力军，承担着传授知识、培养能力和引领思想价值的重要使命。然而，教师的角色并不仅仅是传授知识，还应注重从思想价值层面对学生进行引领。为了落实教书育人的职责使命，高校教师需要做经师和人师的统一。

"经师"是指高校教师必须有很高的学科水平和专业素养。首先，教师要有深厚的学科知识和丰富的教学经验，能够将知识传授给学生，引导学生掌握专业技能和知识。其次，教师还要不断学习，不断更新自己的知识，跟上时代发展的脚步，以便更好地为学生服务。只有做到"经师"，教师才能为学生提供足够的学科支持和知识基础，帮助学生成为优秀的专业人才。

"人师"则强调高校教师的教育功能，要注重人的全面发展，引导学生掌握正确的价值观，树立正确的人生观、世界观和价值观。教师要注重培养学生的思想素质，让他们不仅仅掌握专业知识和技能，还要在人格、道德、心理等方面得到全面发展。因此，高校教师需要注重培养学生的思想品质，引导学生正确面对困难和挫折，树立正确的人生态度，发掘学生的潜能，引导学生拥有自信和勇气。

同时，高校教师要注意两个方面的统一：教学理念与教学行为的统一，以及学科知识与思想引领的统一。教师的教学理念应该与自己的教学行为相一致，注重注重知识、能力和思想价值的有机融合，将价值观念融入到教学内容和教学过程中，以此来引导学生成长。此外，教师也要注重在学科知识传授的同时，将思想价值元素有机地融入其中，让学生在学习知识和培养能力的同时，能够理解知识和能力背后的思想价值，从而实现知识、能力和思想价值的统一。这种统一并不是简单的叠加，而是相互促进、相得益彰。例如，在数学课上，教师可以引入数学思想对人生的启示，让学生明白数学思想不仅仅是应对考试的工具，还能够帮助人们处理生活中的问题，启迪人的智慧和思维。在语文课上，教师可以通过文学作品来传达一些人生哲理和道德价值观，帮助学生认识到人生的意义和价值。通过这样的方式，教师可以让学生在知识和能力的同时，更全面地发展自己的思想和精神境界，实现教学理念和行为、学科知识和思想引领的统一。

总之，高校教师要做经师和人师的统一，需要从教学理念和行为、学科知识和思想引领两个方面入手，通过转变角色和提高素养，让自己成为一个有境界、有情怀的高校教师，注重思想价值引领，以此来实现教书育人的根本职责。这不仅仅是对高校教师个人的要求，也是对高校教育体系和育人理念的升华和发展，让高校教育更符合时代的要求和学生的需求，培养出更多有思想、有情怀、有能力的优秀人才，为国家和社会的发展做出更大的贡献。

（二）做有境界、有情怀的高校教师

做有境界、有情怀的高校教师，不仅要有一定的学识和教学能力，还要有追求卓越、崇高境界的精神追求和执着信仰，将这种追求融入到自己的教学过程中，影响和激发学生的思想和情感，引导学生全面发展，追求真理和卓越。首先，高校教师要有一定的自我修养和追求。在学科知识方面，教师要不断学习更新的知识和技术，保持自己的学识和教学能力的水平。在思想和文化素养方面，教师要阅读广泛，深入研究，发掘思想和文化中的精华和价值，将这些价值融入到自己的教学内容和教学过程中，以此来影响和激发学生的思想和情感。其次，高校教师要有强烈的社会责任感和家国情怀。教师作为社会的一份子，应该认真履行自己的教育职责，积极培育人才，为国家和社会发展做出自己的贡献。同时，教师要有深厚的家国情怀，传承中华优秀传统文化，弘扬爱国主义精神，引导学生树立正确的价值观和世界观，培养他们具有爱国、报国、奉献的精神。最后，高校教师要注重自身情感的融入和表达。教师的情感融入和表达能够影响和激发学生的情感，使他们在学习和生活中充满动力和热情。在教学过程中，教师要注重与学生的沟通和互动，关注学生的情感变化，从而更好地引导他们的情感和价值观。

四、制度层面，强化育人为本的制度建设

（一）制度导向：正本清源，全人培养

高校的育人工作是学校的一项重要使命，全面培养具有理论素养、专业能力和人文素养的优秀人才，是高校教育的根本目标。为了实现这一目标，高校需要建立科学的制度，从源头上保障教育质量和育人效果。正本清源、全人培养，是高校育人制度导向的重要方向。

正本清源是育人工作的首要原则，也是制度导向的基本方向。正本指的是教育的根本任务，即培养学生的思想、道德、知识、能力等多个方面，构建学生综合素质的发展体系。清源则是指教育的根本途径，即强化基础教育和人文教育，重视学生的道德素养、思想修养和文化素养的培养，为学生全面发展打下坚实基础。在高校的制度建设中，应该始终坚持正本清源的原则，注重培养学生的综合素质，创造适合学生成长的育人环境，为学生成才提供全方位的支持。

全人培养是高校教育的重要理念，也是制度导向的核心方向。全人培养强调的是要从学生的全面发展出发，注重学生的心理健康、社会适应能力、道德品质等多个方面的培养。在高校的制度建设中，应该把全人培养贯穿始终，注重学生个性化、多元化的培养，培养学生的创新精神、实践能力和社会责任感。要从教育的全过程和全要素出发，从课程设置、教学方法、学生管理、实践教学等方面加强全人培养的落实，为学生的全面发展提供有力保障。

在高校育人的制度建设中，应该注重制度导向的实践效果。具体来说，一方面需要建立科学的制度，另一方面也需要不断完善和改进制度，适应时代发展和教育需求的变化。高校需要以学生成长为中心，建立适应学生发展的多元化教育体系，提高育人质量和水平，同时也要通过对育人制度的优化和创新，不断推动育人工作的深入开展。

一方面，科学的育人制度是育人工作开展的基础和保障。高校应该根据学生成长的特点和需要，建立起科学、系统、完善的育人体系，为育人工作提供强有力的制度保障。首先，高校应该明确育人目标和任务，从课程设置、教学方式、教师评价等多个方面进行规划和设计。其次，应该建立科学的学生评价体系，对学生进行全方位的评估，包括学业成绩、素质评价、实践表现等。最后，应该建立完善的育人机制，包括学生导师制度、心理辅导制度、学生组织管理制度等，为学生提供全面的育人服务。

另一方面，高校应该注重育人制度的优化和创新，不断适应时代发展和教育需求的变化。在育人工作中，高校应该采取多种形式和方式，注重实践创新，不断提高育人工作的针对性和实效性。例如，可以在选修课程中设置思想政治课、社会实践课程等，以培养学生的综合素质；可以引入创新创业教育，培养学生的创新精神和实践能力；可以加强心理健康教育，提高学生的心理素质和自我管理能力。此外，高校还应该与社会各界积极合作，拓宽育人渠道，为学生提供更广阔的育人平台和机会。

（二）制度支持：强化示范引领作用，设立专门奖励激励机制

高校育人工作的制度建设不仅需要科学规范的制度设计，还需要强化示范引领作用，以及设立专门奖励激励机制，以推动育人工作的深入发展。

1. 强化示范引领作用

强化示范引领作用，是推进高校育人制度建设的重要举措。学校可以通过选拔和培育一批育人先进个人和集体，树立育人工作的典范，引领全校育人工作的不断创新和发展。这需要学校建立科学的评价体系，选出具有代表性和示范性的先进典型，以及建立学术交流平台，让育人工作者能够互相借鉴、学习和提高。同时，学校还应该加强对示范引领作用的宣传和推广，提高全校师生对育人工作的重视程度，为高校育人制度建设提供坚实的支持。

2. 设立专门奖励激励机制

除了强化示范引领作用之外，设立专门奖励激励机制，也是推动高校育人制度建设的重要手段。学校可以设立育人工作相关的奖项，例如优秀育人教师、优秀育人班主任等，以表彰和激励育人工作者的付出和贡献。此外，学校还可以设立育人工作相关的经费和项目，鼓励教师开展育人项目和研究，提高育人工作的科学性和实效性。这些措施不仅可以激励教师在育人工作方面的积极性和创造性，还可以提高学生对育人工作的关注和重视程度，促进全校育人工作的全面发展。

3. 建立科学的监督评估机制

除了强化示范引领作用和设立专门奖励激励机制之外，建立科学的监督评估机制也是推动高校育人制度建设的必要手段。学校可以建立科学规范的育人评估体系，通过对育人

工作的全面评估和监督，发现问题和不足，进一步改进和完善育人制度。此外，学校还可以建立育人质量报告制度，定期发布育人工作的评估报告，透明公开育人工作的情况，引导学校各部门、教师和学生共同关注育人质量，推进育人工作的深入发展。

除了以上提到的制度支持措施，高校还可以通过以下途径进一步加强和完善育人制度建设：

（1）加强教育教学管理，提高教学质量和育人效果。高校可以加强对教学内容、教学方法、教学效果的监管和评估，确保教学质量和育人效果。

（2）鼓励教师参与育人工作，提高教师育人能力。高校可以开展教师育人培训和学习活动，提高教师的育人意识和育人能力，激发教师的育人热情和积极性。

（3）加强与社会的联系，开展社会实践活动。高校可以积极开展与社会的联系，引导学生参与社会实践活动，促进学生的综合素质和思想觉悟的提高。

（3）建立良好的校园文化和教育环境。高校可以建立积极向上、充满活力的校园文化，营造良好的教育环境，为学生的成长提供更好的保障。

（三）制度保障：完善高校教师考核评价制度

高校教师的教学工作是高校育人工作的重要组成部分，而教师考核评价制度是推动高校育人工作的有效手段之一。完善高校教师考核评价制度，不仅可以提高教师教学质量，促进教学改革与创新，还能够更好地推动课程思政建设的落实与发展。

然而，当前高校教师考核评价制度存在着不少问题，主要表现在以下三个方面：

（1）考核标准不够科学。很多高校教师的考核标准还是以传统的教学内容、知识技能为主要衡量标准，缺乏对教师在课程思政建设方面的评价标准，难以对教师在课程思政建设方面的工作进行科学评估。

（2）考核程序不够规范。很多高校教师考核评价程序存在不规范、不透明的问题，如评价标准和程序不明确、评价对象难以确定等，导致教师在考核评价过程中感到困惑和不公平。

（3）评价体系不够完善。很多高校的教师考核评价体系还不够完善，缺乏对教师教学工作全方位、多角度、多维度的评价，难以准确反映教师的教学水平和育人能力。

针对上述问题，完善高校教师考核评价制度，需要从以下几个方面进行思考和改进：

（1）科学设计评价标准。应该针对课程思政建设的要求，建立科学合理的教师考核评价标准，包括教师在课程思政方面的表现、思想价值观的引导和培养、学生综合素质的提高等方面，为教师在课程思政建设方面的工作提供科学的评价标准。

（2）规范考核程序。应该建立规范的教师考核评价程序，明确评价标准和流程，公开透明地进行评价，确保教师在考核评价过程中的公正性和透明度。

（3）完善评价体系。应该建立全方位、多角度、多维度的教师考核评价体系，将课程思政建设纳入考核评价范畴，全面反映教师在课程思政方面的表现和贡献。这包括对教师教学成果、教学方法、课程思政教育质量、学生评价等多个方面的综合评价。评价体系应该具有科学性、客观性和公正性，同时也要注重评价结果的反馈和应用，为教师提供实际的指导和改进方向。

（4）加强督导和反馈。要建立科学规范的督导机制，对教师的课程思政建设进行定期督导和检查，及时发现问题和不足，并提供针对性的帮助和支持。同时，要加强对教师评价结果的反馈和应用，让教师及时了解自己的优点和不足，提高教学水平和质量。

以上路径搭建层面的探讨，强调了课程思政建设应该从多个层面推进，涉及到理念、课堂教学、师资、制度等多个方面。要实现课程思政的有效推进与落实，需要从理念上树立育人为本的意识，将思政课程与课程思政的逻辑互构起来，推进润物无声的课堂建设，使教学内容有机地融入思想价值元素，引导学生形成正确的价值观念和理论素养，重构高校教师新角色，强调高校教师要兼顾"教书"和"育人"两个职责，注重提高教师的师德修养和教育水平，同时在制度层面，建立科学规范的育人评估体系和考核评价制度，完善奖励激励机制，以此来保障课程思政建设的顺利进行。完善高校教师考核评价制度对于推动课程思政建设具有重要作用。高校应该建立科学规范的评价体系，注重对教师课程思政教育的评价，以此激励教师积极参与课程思政建设，提高教学水平和质量。同时，要加强督导和反馈机制，及时发现和解决问题，为教师提供指导和帮助，进一步推动课程思政建设落地落实。

人的现代化应该是最高层面——价值层面的现代化，因此培养真正的人是至关重要的。在高校发展中，育人是其生存与发展的本质和最终目的。教育的出发点和归宿都是人，任何教育实践都以育人为原点和根基，融价值引导与自主建构为一体的育人活动，表明育人是融价值塑造、知识传授和能力培养于一体的。课程思政理念核心在于将价值塑造融入到知识传授和能力培养中，是高校实现育人目标的有利举措。本文从分析课程、课程思政等相关概念出发，强调高校课程思政的育人价值，剖析当前高校课程思政育人价值实现的现实困境，并从理念、教师、制度机制三方面阐述原因，提出从理念、课堂教学、师资、制度四个方面的具体实践路径。

首先，对相关概念进行梳理和界定，包括课程、课程思政和思政课程。进一步深入解读课程思政，分析了其内在机理，即中华优秀传统文化和中国特色社会主义先进文化的表达，以及其特点，包括寓德于课、人文立课和价值引领等。此外，还介绍了课程思政和思政课程的联系和区别。接着，提出了人的全面发展理论和课程文化发展理论这两种理论基础，并说明其在高校课程思政研究中的重要性。人的全面发展理论强调课程思政的最终目的是培养全面发展的社会主义建设者和接班人，而课程文化发展理论则强调课程精神文化对人的心灵塑造作用。这两种理论为研究高校课程思政提供了有益的本体性认知和路径参考。

其次，全面分析了高校课程思政的育人价值。高校课程思政的育人价值可通过对课程的本体和基本价值进行分析来解释。培养人是课程最重要的价值体现，因为政治、经济等方面的价值需要通过培养人来实现。课程的基本价值在于传递和选择文化，即文化决定课程的内容，同时课程也对文化进行创造和整合。课程思政的育人价值体现在促进对学生的价值塑造、知识传授和能力培养的融合中，其中价值塑造在知识获取和能力习得中实现效果升华。此外，课程思政还能促进学生自由全面的发展，包括满足学生需要的全面发展、满足学生个性的全面发展以及提高学生适应社会的能力。通过这些方面的分析，可以深入理解高校课程思政的育人价值，并更好地推进课程思政的实践。

再次，立足于现实，经过深入访谈和文献查阅，对当前高校课程思政育人价值实现的现实困境进行了梳理。教学目标方面，重视"教书"目标，缺乏对"育人"目标的具体分解目标。教学内容方面，存在"只有课程没有思政"的问题，以及重视课程形式而轻视实质的问题。教学方法方面，限制于规定教学时间的限制和"教室思政"的限制。教师评价机制方面，评价标准趋同化，评价方式重量化。在此基础上，从理念、教师和制度机制三个方面深度剖析了高校课程思政育人价值实现陷入困境的原因。缺乏必要的理性认知是导致理念问题的根本原因，教师综合素养欠缺导致教师能力问题，制度机制缺乏目标性和导向性导致制度机制问题。

最后，在此基础上，需要针对每个具体的路径，进行更详细的解释和探讨，以更好地指导高校课程思政的实践工作。

（1）对于理念转变，可以进一步强调思政课程与课程思政的相互渗透和互动。具体而言，思政课程要以课程思政为支撑，通过对学生的价值引导和思想教育，引导学生在各个学科领域中主动拓展自己的思维视野，并在实践中加深对学科知识的理解和应用。而课程思政则要融入思政课程的价值导向，将课程作为传承和发展中华文化、落实中国特色社会主义先进文化的重要载体，通过课程的内容和形式，推进价值观念的传递和培养。

（2）在课堂教学方面，需要进一步探讨如何实现"润物无声"的课堂建设。可以重点突出"思政"元素的引入和融入，将思政的价值观念和道德准则渗透到各个学科领域中，提升教育教学的价值性和实效性。同时，需要建立基于学生成长环境和思想特点的课堂教学模式，以满足不同学生群体的需求。另外，也要尝试丰富教学形式，采用多种手段和工具来激发学生的学习兴趣和主动性。

（3）在师资层面，需要深入探讨高校教师的新角色和定位。可以强调高校教师既要做经师，即在学科领域内具有深厚的学术功底和专业素养，又要做人师，即在育人教育方面具有高尚的情操和道德素养。同时，需要倡导教师的"有境界、有情怀"，即让教师把个人追求与社会责任融为一体，从而更好地引导学生实现个人价值和社会价值的统一。

（4）在制度方面，需要强调育人为本的制度建设。具体而言，需要通过制度导向的方式，从根本上推进高校教育教学工作的育人导向，为育人提供制度保障和支持。这包括从规范教师教学行为入手，加强教学质量监控与考核，制定符合育人导向的教师聘任和晋升机制，鼓励教师积极参与课程思政建设和教学改革，从而建立起一整套育人为本的制度体系。

第三章 高校课程思政实施的原则

高校"课程思政"建设的主要目标是将思想政治教育元素融入专业课程中，发挥思政课程的引领作用，实现立德树人的教育任务。通过总结高校"课程思政"建设的挑战与成功经验，以及学术界专家学者对"课程思政"的研究，探索了高校"课程思政"建设的原则。这些原则包括德育为先、以人为本、整体设计、有机融入和特色发展原则。通过分析这些原则，可以为高校"课程思政"建设提供依据和方向，指导高校开展"课程思政"建设。

第一节 德育为先原则

高校教育的灵魂在于德育教育，因此立德树人是教育的根本任务。为满足国家对高校学生培养任务的规定，教师的教育教学活动需要围绕立德树人进行，强调德育教育作为高校人才培养的首要任务。在"课程思政"建设的原则中，德育为先原则尤为重要，这是对立德树人教育任务的回应。教师在教学过程中始终将德育为先作为教学原则，对于推进思想政治教育的实施具有推进作用，并能够对高校的办学性质和方向产生决定性的影响。德育为先原则需要注重以下两点：一是有效发挥德育的导向和保证职能；二是明确德育为先不是以德取智，而是实现课程教学的价值引领与知识传授相统一。

高校对学生的培养除了注重智力的培养外，也要重视思想政治教育的作用，将其置于教育的首位。在"课程思政"建设中，学校的课程是主要的实践范围，而德育教育对学校其他教育具有一定的定向、驱动和保证作用。德育的导向和保证职能不仅直接影响受教育主体，而且对学校的其他教育也有间接的作用。学校教育最直接的形式是教育主体使用教材对受教育者进行教育，课程教学的理念设置对受教育者的教育效果有引导作用。在各类课程的理念设置中，将德育设置为首要原则，可以有效发挥德育的导向和保证职能。因为德育教育在教育过程中对学生的思想、道德观念，以及未来从事的政治、经济实践等方面产生指导性作用。教师在教学过程中坚持德育为先原则，不仅可以确保高校的办学方向与社会主义的办学方向保持一致，也可以保证学生的道德发展与新时代提出的大学生思想品德发展要求相一致。

在"课程思政"建设中，教师不仅要坚持德育为先原则，还要理性地看待德育的位置。德育为先原则并不意味着把智育、体育、美育、劳育等方面置于次要地位。相反，德育为先要在教育中发挥引领作用，对其他方面的教育产生积极影响。在课程教学中，通过有机融合德育教育和其他教育，实现德育教育的潜移默化影响，培养全面发展的人才，体现了"课程思政"建设的目标和意义。此外，高校要以国家的教育思想为指导，贯彻全国高校思想政治工作会议精神，实现对学生的立德树人教育，推进高校思政教育的深入发展。

一、准确理解坚持德育为先原则的含义

（一）德育为先的内涵

"德育为先"是教育中常见的一个口号，其内涵是将德育教育置于首位，把德育教育作为教育的根本任务，这是教育的核心价值观之一。具体而言，德育为先的内涵主要包括以下几个方面：

1. 德育教育是教育的灵魂所在

德育教育不仅关乎学生道德、情感、价值观等方面的培养，更是对学生全面发展和终身发展的保障。在德育教育的过程中，教师要注重对学生的品德、思想、情感等方面的培养，让学生能够正确处理人际关系，树立正确的价值观和世界观，拥有正确的自我认知和认识世界的能力。在德育教育的基础上，学生能够更好地适应社会，面对挑战和困难，发挥自己的潜能，成为全面发展的人才。因此，高校"课程思政"建设中的德育为先原则，旨在将德育教育贯穿到教学过程中，强化对学生德育教育的重视，落实立德树人根本任务，培养出德智体美劳全面发展的人才。

2. 德育教育是教育的根本任务

全面发展的人才不仅要具备知识和能力，还要拥有健康的心理和优良的道德品质。因此，德育教育是培养德智体美劳全面发展的人才的重要手段，也是教育活动的基础和前提。只有通过德育教育的有效开展，才能实现学生思想品德、心理素质、道德情操等各方面的全面提升。

3. 德育教育是高等教育的重要任务

高等教育作为社会培养人才的重要途径，其培养目标应该是全面发展的人才。除了知识和能力的培养，德育教育也应占据很大比重，使学生在学习知识和技能的同时也具备健康的心理和优良的道德品质。这样，才能培养出有高尚人格、具有创新精神和实践能力的优秀人才，满足社会的发展需求。因此，高等教育中的德育教育是不可或缺的，是实现全面发展的人才培养目标的重要手段。

4. 德育教育是教育整体发展的动力和保证

通过德育教育，可以帮助学生形成正确的价值观和人生观，增强其社会责任感和公民

意识，培养学生的自我约束和自我管理能力，从而使其具备更好的心理素质和道德品质。这些都是未来职业生涯和社会生活中必不可少的素质，德育教育对于学生的全面发展和成长起着至关重要的作用。此外，德育教育也是教育发展的动力和保证。只有通过德育教育，才能够真正地实现教育的目标和使命，推动教育事业不断向前发展。德育教育能够培养出一代又一代具备高尚道德和健康心理的人才，这些人才在社会发展和进步中起着至关重要的作用，成为推动社会不断前进的动力源泉。因此，德育教育的重要性不言而喻，我们需要重视并加强德育教育的工作，为学生的全面发展和未来的成长奠定坚实基础。

总之，德育为先的内涵强调了道德教育在教育中的重要性，强调了人的全面发展，是教育工作中应该始终坚持的原则之一。

（二）坚持德育为先原则的含义

坚持德育为先原则是高校德育管理的基本准则，其内涵包括三个方面。首先，将德育置于素质教育的首位，使德育成为高校人才培养的重要内容。其次，德育管理者要落实德育为先原则，将德育管理作为自己的职责，采取有效的措施促进德育目标的实现。最后，要将德育为先原则贯穿到德育管理的全过程中，合理处理德育与其他各育的关系，提高德育质量，达到最佳德育效果。通过坚持德育为先原则，可以实现高校德育管理的有效性和可持续性，为培养德智体美劳全面发展的人才提供有力支撑。

二、充分认识坚持德育为先原则的必要性

（一）坚持德育为先原则是全面贯彻党的德育工作方针的需要

中国共产党一直强调德育工作的重要性，坚持把德育放在首位。这是因为在社会主义建设中，人是最活跃的因素，德育是人的灵魂，是全面发展人的内在需要和基本要求，是党的工作的出发点和落脚点。坚持德育为先原则，是党的德育工作方针的具体体现和重要内容，是保证和提高教育教学质量的重要途径，也是保证高等教育工作健康发展的基本要求。因此，高校德育管理者必须深入贯彻落实党的德育工作方针，坚持德育为先原则，提高德育管理工作水平，促进高校全面发展和社会进步。

（二）坚持德育为先原则是提高德育管理有效性的需要

高校作为培养未来社会栋梁的重要阵地，德育教育作为教育的灵魂和基础，其重要性不言而喻。在高校德育管理中，坚持德育为先原则是非常重要的，它不仅是全面贯彻党的德育工作方针的需要，更是提高德育管理有效性的需要。

首先，坚持德育为先原则能够全面贯彻党的德育工作方针。党的德育工作方针是贯穿

于各级教育管理工作的基本原则,其核心是强调道德教育在教育中的重要性,推动德育、智育、体育、美育全面发展。德育教育是培养德智体美全面发展的人才的重要手段,坚持德育为先原则是全面贯彻党的德育工作方针的重要体现。只有在德育为先的指导下,才能有效提升学生的道德水平,推动其全面发展,符合党的德育工作方针的要求。

其次,坚持德育为先原则能够提高德育管理的有效性。德育教育不仅仅是知识的传授,更重要的是对学生人格、情感、道德等方面的培养。德育为先原则能够引导学生正确树立人生观、价值观和世界观,有助于学生在未来的工作和生活中更好地发挥作用。在德育管理工作中,坚持德育为先原则能够有效地指导德育目标的制定和实现,确保德育教育在教育中的重要地位得到充分体现。同时,坚持德育为先原则能够促进学生的全面发展,使其在知识和能力的同时也具备健康的心理和良好的道德品质,更好地适应社会的需要。

最后,坚持德育为先原则能够提高德育管理的科学性。德育管理需要遵循教育规律,注重德育与其他育的协调和统一,坚持德育为先原则是德育管理的基本准则。在实际德育管理工作中,坚持德育为先原则需要注意以下几个方面:

①要充分认识德育的重要性,把德育放在高校教育中的首位,并将德育教育融入到教育教学全过程中去。

②要注重德育目标的科学性和实效性,将德育目标量化和具体化,建立科学的考核和评价体系,确保德育工作能够取得实际效果。

③要采取多种手段和方式开展德育工作,注重教育形式的多样性,充分发挥德育的导向和保证职能,让学生在学习、生活、实践等多个方面感受到德育的引导和影响。

④要加强德育管理的组织和领导,建立健全的德育管理机制,配备专门的德育管理人员,制定合理的管理制度和流程,确保德育管理工作有序、科学、有效地开展。

(三) 坚持德育为先原则是树立正确的德育地位观的需要

高校教育中,德育教育是培养学生全面发展的重要手段,同时也是高校教育的重要任务。为了保证德育教育的有效实施,必须树立正确的德育地位观,始终坚持德育为先的原则。

首先,坚持德育为先原则有助于树立正确的德育地位观。在高校教育中,德育教育与学科教育同等重要,不能简单地将其作为一种附属品来看待。坚持德育为先原则意味着高校教育必须注重学生道德素质的培养,将德育教育摆在与学科教育同等的地位上。这有助于树立正确的德育地位观,使高校教育能够更好地为学生的全面发展服务。

其次,坚持德育为先原则有助于增强德育管理的重要性。德育为先原则是德育管理的基本准则,将其贯彻到德育管理的全过程中,能够提高德育管理的科学性和有效性。德育管理不仅仅是单纯的传道授业,更需要注重培养学生的人格品质和道德情操,这需要管理者在德育管理中始终坚持德育为先原则,做好全面、科学的德育管理工作。

最后，坚持德育为先原则有助于构建全面发展的人才培养体系。高校的使命是培养全面发展的人才，德育教育是实现这一目标的重要手段。坚持德育为先原则，能够更好地促进学生全面发展，培养具备高尚道德情操和优良品质的人才，为建设社会主义现代化国家提供有力的人才支持。

（四）坚持德育为先原则是提高高校整体素质的需要

高校的整体素质不仅仅是由学生的学术水平决定，还包括学生的道德素质、心理素质、身体素质等各个方面。因此，高校必须注重德育教育，将德育教育置于高校教育的重要位置，坚持德育为先原则，提高高校整体素质。

首先，坚持德育为先原则能够促进学生综合素质的全面提升。学生在高校期间不仅要学习专业知识，还要学习健康的心理状态、优良的道德品质、强健的身体素质等方面的知识和技能。只有在这些方面全面发展，才能够成为具备综合素质的人才。而坚持德育为先原则，能够引导学生在学习中树立正确的人生观、价值观和世界观，培养学生的高尚情操、社会责任感和团队协作能力，提高学生的综合素质。

其次，坚持德育为先原则能够提高高校的社会声誉和地位。在当今社会，高校的教学质量、师资水平、学术成果等方面受到广泛关注，但更重要的是高校所培养的学生的综合素质和道德品质。如果高校只注重学生的专业知识，忽视了学生的道德和心理素质的培养，那么高校的社会声誉和地位就会受到影响。相反，如果高校坚持德育为先原则，将德育教育置于重要位置，注重学生的全面发展，那么高校的社会声誉和地位就会得到提升。

最后，坚持德育为先原则能够为国家培养优秀人才。高校作为人才培养的重要阵地，必须为国家培养出德智体美劳全面发展的优秀人才。坚持德育为先原则，将德育教育置于重要位置，注重学生的道德和心理素质的培养，能够为国家培养出高尚品德、扎实学识、身心健康、适应社会的优秀人才。

三、切实践行德育为先原则

（一）确立育人为本、德育为先的办学指导思想

确立育人为本、德育为先的办学指导思想是高等教育中不可或缺的重要环节。育人为本的指导思想是高校教育工作的出发点和落脚点，而德育为先则是高校育人的重要原则之一。在这个指导思想下，高校应该以培养德智体美劳全面发展的人才为目标，全面推进德育教育，使德育成为高校教育的灵魂所在。

首先，确立育人为本、德育为先的办学指导思想有助于高校理清育人工作的方向和重心。高校教育的核心是育人，而以育人为本则意味着将学生作为高校教育工作的核心和重

点，以学生发展为出发点和落脚点，注重培养学生的全面素质和创新能力。德育为先则是高校育人的重要原则之一，是高校教育工作的灵魂所在。通过确立育人为本、德育为先的指导思想，高校能够更好地理清育人工作的方向和重心，注重培养学生的人文素质和道德品质，全面提升学生的综合素质和竞争力。

其次，确立育人为本、德育为先的办学指导思想有助于高校加强德育教育工作。德育是高校教育的重要组成部分，是高校育人的重要目标之一。高校育人工作的成功与否，很大程度上取决于德育教育的质量。通过确立德育为先的指导思想，高校能够更加注重德育教育工作，采取有效措施，加强师德师风建设，加强学生思想道德教育，推动学生德育素质的全面提升。

最后，确立育人为本、德育为先的办学指导思想有助于高校适应社会发展的需要。随着社会的不断进步和发展，对高校育人工作提出了更高的要求。社会需要高素质、全面发展、有良好道德素质的人才，高校育人工作应该以此为目标，注重学生综合素质的培养，重视德育教育，落实育人为本、德育为先的办学指导思想，不断提高高校整体素质。同时，确立育人为本、德育为先的办学指导思想还有利于高校加强自身建设，推进内部改革，加强师资队伍建设，提高教学质量和管理水平，进一步提升高校的学术地位和社会声誉。

在现代社会中，高校育人工作的目标已经不仅仅是传授知识，更加注重对学生全面素质的培养。学生的道德素质、人文素养、社会责任感等方面的培养已经成为高校育人工作的重要内容。因此，确立育人为本、德育为先的办学指导思想可以帮助高校更加深入地了解社会需求，更好地适应社会发展的需要，为培养高素质人才提供坚实的思想基础和理论支撑。

同时，确立育人为本、德育为先的办学指导思想也可以促进高校内部改革和发展。高校育人工作是一项系统性的工作，需要从教育理念、教学方法、师资队伍建设等多个方面进行综合改革和提升。坚持育人为本、德育为先的指导思想可以引导高校深入推进内部改革，改进教育教学方式，加强师资队伍建设，提高教学质量和管理水平，推进高校现代化建设。

（二）健全各项制度以保证德育为先

健全各项制度是保证德育为先的必要手段，只有制度健全、执行到位，才能有效地促进德育教育的深入开展，保障德育教育的有效实施。以下是一些需要健全的制度：

1. 教师德育考核制度

（1）将德育工作纳入教师绩效考核体系。德育工作是教师的重要职责之一，应该作为教师绩效考核的重要指标之一，与教学、科研等其他方面的考核指标相结合，形成全面的绩效考核体系。

（2）对德育表现出色的教师进行表彰和奖励。对于那些在德育工作方面表现出色的教师，应该及时予以表彰和奖励，以激励其更加努力地投入到德育工作中，同时也能够对其他教师起到激励作用。

（3）对德育工作不力的教师进行责任追究和整改。如果教师在德育工作方面表现不佳，应该及时进行责任追究和整改，对于无法改正的情况，应该采取相应的惩处措施，以保证德育工作的顺利开展。此外，建立教师德育培训和交流机制也是非常重要的。通过定期开展德育培训和交流，可以提高教师的德育意识和能力水平，使其更好地开展德育工作。

总之，建立教师德育考核制度是健全德育为先的制度保障的重要举措。只有通过健全制度，才能够更好地激励教师投入到德育工作中，保障德育工作的有效开展，为学生全面发展奠定良好基础。

2. 学生德育评价制度

建立学生德育评价制度可以通过多种方式来实现。例如，学校可以制定德育评价指标，包括学生的道德品质、行为表现、社会责任感等方面，对学生进行定期评价。同时，可以开展德育竞赛活动，如德育演讲比赛、德育知识竞赛等，对表现突出的学生进行表彰和奖励，激励学生更加积极地参与德育活动。此外，学校可以建立德育积分制度，对学生在德育方面的表现进行积分，积分达到一定标准的学生可以获得奖励和荣誉称号。这样可以激励学生更加注重德育素质的培养，进一步加强学生德育工作的效果。

3. 德育活动管理制度

制定德育活动管理制度可以有效规范和管理德育活动，确保德育活动的质量和效果。德育活动是高校德育管理工作的重要组成部分，通过德育活动可以促进学生的思想道德教育，增强学生的德育意识和道德素质，提高学生的人文素质和综合能力。为此，建立德育活动管理制度非常必要。

德育活动管理制度应当包括以下方面的内容：

（1）德育活动的组织机构：明确德育活动的组织机构，确定德育活动的负责人和组织人员，确保德育活动的有序开展。

（2）德育活动的计划制定：在每个学年开始前，制定德育活动的计划，包括活动的主题、内容、时间、地点、人员安排等，确保德育活动的有序开展。

（3）德育活动的实施管理：对德育活动的实施进行全面管理，包括对德育活动的安全管理、质量管理和效果评估，确保德育活动的有效性和安全性。

（4）德育活动的宣传推广：对德育活动进行宣传推广，鼓励学生积极参与德育活动，提高德育活动的影响力和参与度。

（5）德育活动的评估和总结：对德育活动的效果进行评估和总结，确定德育活动的成功经验和不足之处，为今后的德育活动提供参考和借鉴。

4. 德育课程设置和管理制度

德育课程设置和管理制度应该包括以下几个方面：

（1）要合理设置德育课程。德育课程是德育教育的重要组成部分，要根据学生的年龄、发展阶段和学科特点，合理设置德育课程，以便更好地实现德育目标。

（2）要明确德育课程的教学目标和教学要求。在制定德育课程设置和管理制度时，要明确德育课程的教学目标和教学要求，以便对德育课程进行管理和评估，确保德育教育的有效实施。

（3）要注重德育课程的教学方法。德育课程的教学方法是实现德育教育的重要手段之一。要采取多种教学方法，如讲授、讨论、实践等，以便激发学生的兴趣和积极性，提高德育教育的效果。

（4）要重视德育课程的教师素质。德育课程的教师素质对德育教育的质量和效果有着重要的影响。在制定德育课程设置和管理制度时，要注重德育课程教师的培养和管理，提高德育课程教师的教学水平和德育素养。

（5）要对德育课程进行管理和评估。在制定德育课程设置和管理制度时，要建立健全的德育课程管理和评估制度，对德育课程进行定期评估和改进，确保德育课程的有效实施和德育教育的有效开展。

5. 德育信息管理制度

建立德育信息管理制度可以帮助高校了解学生的德育状况，为德育工作的改进和提高提供科学依据和参考。具体来说，可以通过以下几个方面来建立德育信息管理制度：

（1）建立学生德育档案，收集和整理学生的德育信息，包括德育成绩、德育奖惩、德育活动参与情况、德育评价等。可以根据不同年级、专业、班级等情况建立不同层次的德育档案，以便于对学生德育信息进行分类和管理。

（2）建立德育信息采集和统计系统，采用现代信息技术手段对学生的德育信息进行收集、统计和分析。可以通过学校教务管理系统、学生信息管理系统等进行数据采集和处理，以提高德育信息管理的效率和准确性。

（3）建立德育信息分析和评估机制，对学生的德育信息进行分析和评估，为德育工作的改进和提高提供科学依据。可以通过数据挖掘、数据分析等手段对德育信息进行深入挖掘和分析，发现问题、掌握规律，为德育工作的精准化管理提供支持。

（4）建立德育信息共享机制，促进高校内部和外部的德育信息共享。可以通过建立德育信息平台、定期发布德育信息报告等方式，向全校师生和社会公众共享德育信息，提高社会对高校德育工作的认知和关注度，推动德育工作的不断发展和提高。

（三）把德育为先原则落实到高校教育教学的全过程

有利于培养学生的道德素质和思想品德。在教师授课和学生学习的过程中，教师需要以身作则，注重以德育人，通过言传身教，引导学生形成正确的人生观、价值观和世界观。在学生日常管理和活动组织中，德育也应该是重要内容之一。学校应该制定德育活动管理制度，规范德育活动的组织、实施、管理和评估，促进学生的德育成长。学校还应该建立学生德育评价制度，对学生的德育表现进行评价，并给予相应的激励和引导。同时，学校应该加强德育信息管理，对学生的德育信息进行收集、整理和分析，为德育工作的改进和提高提供参考。这样可以及时了解学生的德育状况和问题，有利于针对性地开展德育工作。

总之，德育为先原则应该贯穿到高校教育教学的全过程，这是高校德育管理的重要保证，也是高校育人工作的基本要求。只有在德育为先的指导下，高校才能培养出德智体美劳全面发展的人才，为社会发展做出更大的贡献。

第二节　以人为本原则

"课程思政"的核心是立德树人，其目的在于育人。教育的本质在于育人，育人是对人的全面发展的促进，体现的是以人为本。在"课程思政"中，立德树人教育需要以学生为本，以学生的全面发展为本，培养出具有德才兼备特点的学生。马克思主义理论中，人的全面发展体现在人的某些方面得到充分而自由的发展，包括精神和身体方面、个体性和社会性方面，同时受到社会条件的影响。新时代对人才的要求是德智体美劳全面发展的综合型人才，需要精神和身体、个性和社会性都得到充分的发展，与社会的发展方向相一致，为实现两个一百年奋斗目标起到推动作用的人才。在教育中，以学生为本需要在建构主义学说的前提下对学生进行教育。建构主义的学生观认为，学生内心世界是巨大且丰富的，是有巨大发展潜力的，并且学生之间存在着差异，因此要根据学生自身的发展特点培养学生，实现立德树人教育。教师在"课程思政"中要发挥重要作用，需要明确自身的职责，起到对学生的价值引领作用，发挥自身的引导作用，组织实施"课程思政"的建设。同时，"课程思政"建设需要挖掘课程中的育人资源，落实以人为本的教育原则，实现对学生的德育教育。

在这样的背景下，高校思想政治教育工作也需要不断创新与改进，适应时代发展和学生需求的变化，以达到更好的育人效果。具体来说，高校可以从以下几个方面着手：

（1）注重课程建设，创新思政课程内容和教学方法。高校可以引入前沿理论，增加现实案例，加强实践教学，让思政课程更贴近学生生活和实际需求，让学生能够在实践中体验思政教育的力量。

（2）加强教师队伍建设，提高思政教师的专业能力和素质水平。高校可以加大对思政教师的培训力度，鼓励教师参与学科交叉和实践研究，提升教师的专业素养和学科交叉能力，从而更好地为学生提供思政教育。

（3）注重学生思想政治教育的个性化和差异化。高校应该关注学生个体的差异，根据不同学生的需求和特点，为他们提供更有针对性的思政教育，例如，开设个性化的思政课程、为学生提供个性化的学习支持等。

（4）加强与社会的互动和交流，提高学生的社会责任感和使命感。高校可以开展一些社会实践活动、志愿服务等，让学生在实践中增强社会责任感和使命感，培养他们成为社会发展所需要的人才。

一、坚持以人为本原则在高校思政工作中的重要性

（一）坚持以人为本是马克思主义同中国实践相结合下中国共产党的伟大思想产物，是中国共产党集体智慧的结晶

坚持以人为本，是马克思主义的重要思想之一，强调人的自由、平等、尊严和全面发展。在中国，以人为本思想在中国共产党的领导下得到了进一步的发展和深化，成为了中国特色社会主义理论体系中的重要组成部分。

中国共产党认为，人民是历史的创造者，是推动历史前进的动力源泉。因此，党的一切工作都要从人民的利益出发，以人为本是党的根本宗旨。在党的领导下，中国经历了从贫穷落后到繁荣富强的历程，同时也推进了以人为本的发展理念。在实践中，中国共产党始终坚持以人民为中心的发展思想，把人民群众的利益放在首位，推动经济、文化、社会和生态文明的全面发展。

在教育领域，中国共产党始终把人民群众的利益放在首位，把以人为本作为教育工作的基本方针。中国共产党在领导全国教育事业发展的过程中，始终把培养什么样的人放在首位，注重学生的德育、智育、体育、美育、劳育全面发展，推动教育事业向更加科学、民主、平等、开放、创新的方向发展。

（二）高校思政工作中坚持以人为本原则有助于开拓大学生思想政治视野，增长大学生思想见识

首先，以人为本原则能够促进思政教育的个性化、多样化发展。高校的学生人群是多样化的，他们具有不同的文化背景、家庭背景、兴趣爱好等方面的差异，因此在思政教育中需要尊重学生的差异性，注重个性化、多样化的发展。通过以人为本的思想引领，教师可以更好地发挥学生的主体作用，使思政教育更加贴近学生的实际需求，让学生在思想政

治教育中得到更多的收获和启迪。

其次，以人为本原则能够增强学生的主人翁意识。在思政教育中，教师应该强调学生是主人翁，教师的作用是引导和帮助学生自主发展，让学生成为具有独立思考和创新精神的人才。通过以人为本的思想引领，教师能够让学生认识到自己在思政教育中的主动性和积极性，从而增强学生的主人翁意识和责任意识，促进学生的全面发展。

最后，以人为本原则能够增强学生的国际视野。在当今全球化的时代，国际交流与合作日益频繁，培养具有国际视野的人才已经成为高校教育的重要任务。通过以人为本的思想引领，教师能够让学生认识到自己在世界的位置和作用，了解不同国家和地区的政治、经济、文化等情况，开拓国际视野，培养具有国际竞争力的人才。

（三）高校思政工作坚持以人为本原则有利于构建和谐文明校园，弘扬科学发展观伟大旗帜

首先，高校思政工作坚持以人为本原则，能够倡导尊重个体，强调个性差异，充分发挥学生的主体作用，提高学生的综合素质和个性发展。这有助于构建和谐文明校园，促进校园文化的多样性、包容性和创造性，让学生在这样的文化氛围中得到充分的发展和实现。

其次，高校思政工作坚持以人为本原则，能够引导学生树立正确的发展观、人生观和价值观，培养科学发展观，弘扬社会主义核心价值观。这有助于构建和谐文明校园的价值体系，推动校园文化的健康、积极和向上发展，更好地适应和引领时代发展的潮流。

总之，高校思政工作坚持以人为本原则，是构建和谐文明校园、弘扬科学发展观的重要手段。只有从人的全面发展出发，以尊重和关注个体为基础，才能让高校思政工作更好地发挥其育人功能，为培养高素质人才、推动社会发展做出更大的贡献。

（四）高校思政工作坚持以人为本原则充分体现了教育现代化的发展方向

随着时代的发展和社会的进步，人类社会对教育的要求也在不断提高，教育现代化已经成为推进教育发展的重要方向。教育现代化的核心是以人为本，即以人的全面发展为核心目标，以满足人民群众多样化的需求为导向，强调教育与社会、经济、文化等方面的紧密联系，以创新驱动、质量导向、多元发展为基本特征。在高校思政工作中，坚持以人为本原则，不仅可以提高大学生的思想政治素质和综合素质，更可以推进教育现代化进程。以人为本的思想观念，强调人的全面发展和价值，体现了教育现代化中以人为本的基本理念。在高校思政工作中，要注重培养大学生的人文素养和人格魅力，促进大学生的全面发展，提高其适应社会发展的能力。同时，还要注重培养大学生的创新意识和实践能力，加强对大学生的思想教育和实践教育，推进高校思政工作的创新发展。因此，高校思政工作坚持以人为本原则，既符合现代教育发展的要求，也是推进高校思政工作现代化的需要。

只有充分体现以人为本的教育理念，才能更好地满足人民群众多样化的需求，推进高校思政工作的创新发展。

二、高校结合实际情况坚持以人为本原则的具体实施策略

（一）具体结合学校实际情况，制定正确可行的思政工作方针

1. 充分了解学生的特点

了解学生的特点是制定思政工作方针的重要前提。通过深入了解学生的年龄、文化背景、兴趣爱好、性格等方面，可以更好地制定出符合学生特点的思政工作方针，以更好地实现育人目标。具体的了解方法包括：

（1）调查问卷：通过向学生发放调查问卷，收集学生的基本情况和需求，了解学生对思政教育的态度和期望。

（2）座谈会：组织学生座谈会，让学生自由发言，听取学生对思政工作的意见和建议，了解学生的真实需求和想法。

（3）个别谈心：与学生进行个别谈心，了解学生的个人情况和成长历程，发现学生的问题和困惑，从而更有针对性地制定出思政工作方针。

（4）社会调查：对学生所处社会环境进行社会调查，了解社会对学生的影响和压力，为制定出更符合学生实际情况的思政工作方针提供依据。

2. 充分利用教师队伍

教师是思政工作的重要组成部分，他们在教育教学过程中发挥着重要的作用。因此，为了制定出正确可行的思政工作方针，需要充分利用教师队伍，让教师参与到制定思政工作方针的过程中。

（1）可以邀请思政工作经验丰富的老师来分享他们的经验和心得，以便更好地了解学生的特点和需求。通过与老师的交流，可以得到一些实用的思政工作策略和方法。

（2）可以开展专业技能培训和研讨会，提高教师的思政工作水平，让教师掌握更加科学的思政工作理念和方法。

此外，可以通过考核机制和激励机制来鼓励教师参与到思政工作中。建立健全的考核机制，让思政工作成为教师绩效考核的重要内容之一，对思政工作成效突出的教师进行表彰和奖励，同时对未达标的教师进行帮助和指导，以提高整体思政工作水平。

3. 构建和谐校园

思政工作的目标之一是构建和谐文明校园，学校应该制定出可行的方案，推进校园文化建设，培养和谐校园文化氛围。同时，要注意与学生、家长等群体沟通，形成共识，共同推进和谐校园的建设。

4. 倡导科学发展观

科学发展观是以经济建设为中心，以人为本、全面协调可持续发展为基本内涵的发展观，是中国共产党的一项重大理论创新。在高校思政工作中，倡导科学发展观有以下几个方面的意义：

（1）倡导科学发展观有助于促进高校教育的改革和创新。科学发展观强调经济建设与人的全面发展的协调和平衡，倡导以人为本、可持续发展的发展模式，这与高校教育的改革和创新密切相关。高校要培养具有创新精神和实践能力的人才，倡导科学发展观可以帮助高校理解创新和发展的本质，为高校教育的改革和创新提供思想支持。

（2）倡导科学发展观有助于增强大学生的社会责任感。科学发展观鼓励人们注重社会效益，强调人的全面发展和社会的可持续发展之间的协调和平衡。高校思政工作可以通过倡导科学发展观来引导大学生关注社会的发展和进步，加强社会责任感和社会担当意识，为社会的可持续发展做出积极贡献。

（3）倡导科学发展观有助于提高大学生的科学素养。科学发展观强调科学技术的创新和应用，鼓励人们具备科学思维和科学素养。高校思政工作可以通过倡导科学发展观来提高大学生的科学素养，引导他们认识科学技术对社会发展的重要作用，理解科学的本质和思维方式，增强科学精神和科学文化素养。

5. 完善管理制度

完善管理制度能够使得思政工作的开展更加有序和规范，也有利于提高思政工作的效果。以下是一些完善管理制度的措施：

（1）建立健全思政工作机制

高校应该建立一整套健全的思政工作机制，包括领导班子、思政部门、各学院思政工作小组等，以此确保思政工作的科学性和有效性。

（2）制定科学的工作计划

制定合理的思政工作计划，明确工作目标、任务、时间等，以此规范思政工作的开展。

（3）建立学生档案管理制度

学生档案是学校对学生进行全面管理的重要依据，建立完善的学生档案管理制度，能够对学生进行更加全面和细致的管理。

（4）建立教师考核机制

建立以思政工作为重要内容的教师考核机制，对思政工作表现优秀的教师进行表彰和奖励，对思政工作不力的教师进行整改和处罚。

（5）建立思政工作质量评估机制

对思政工作的开展进行定期的评估和检查，不断完善思政工作的各项工作，提高思政工作的效果和水平。

（6）加强思政工作信息管理

建立完善的思政工作信息管理制度，对思政工作中产生的各类信息进行分类、整理、归档，为今后的思政工作提供有力支撑。

（二）完善高校思政教学教师的素养和教学质量，保证高校思政教育工作顺利进行

在高校思想政治教育中，思政课程任课教师是学生接受思政知识与观念的主要来源和重要渠道。因此，高校应当重视思政教师的选择与培养，以保证教学质量和思政教育成效的提高。在思政教师招聘过程中，可以全面考察应聘者的专业知识技能和道德品质素养，筛选出适合本校发展的优秀思政任课教师，为学生提供全方位的思政知识学习。对于工作多年的思政教师，学校应提供相关的培训和进修资源，加深教师对教育现代化与思政工作要求的理解，确保教师任课水平与时代发展同步。这样，思政课程任课教师的教学质量和自身素养能够得到提高，为学生提供更好的思政教育服务。除此之外在提高高校思政任课教师的个人素养方面，也应进行严格要求：

1. 尊重并信任学生，时刻以学生为主

教师在思政教育中应该时刻以学生为主体，尊重学生的意见和想法，充分听取学生的心声和需求，关注学生的发展和成长。教师应该在教学过程中注重启发学生的思考能力，引导学生独立思考，发扬创新精神，尊重学生的多元思维和创造力，鼓励学生大胆表达，展示个性。教师应该提供多元化的教学方式和资源，为学生提供丰富的知识和信息，让学生在思政课堂中获得真正的收获和体验。同时，教师应该积极倾听学生的反馈和建议，及时进行反思和改进，确保思政教育工作始终以学生为主，真正实现育人目标。

2. 加深对学生的了解和交流，从学生自身特点出发进行授课

教师应该尊重并信任学生，充分了解学生的思想、兴趣、特长等方面的特点，了解学生的文化背景和社会经验，从而更好地进行教学。通过与学生的交流，了解学生对思政课程的态度和需求，及时发现学生的问题，及时调整教学内容和方法，提高教学质量和效果。同时，教师还应该从学生自身特点出发进行授课，注重因材施教，灵活运用不同的教学方法和手段，创造良好的学习氛围和条件，激发学生学习的积极性和兴趣，帮助学生形成正确的思想、价值观和世界观，促进学生全面发展。在加深对学生的了解和交流方面，可以采用多种形式，如班会、座谈会、问卷调查等，为教师提供了更多了解学生的机会，让教师更好地掌握学生的需求和意愿，更好地开展思政教育工作。

（三）创新以人为本的思政课程教学模式，提高学生接受思政知识效率

高校思想政治教育的课程模式需要从传统的教师单方面灌输知识转变为以学生为主

体，注重发挥学生的主动性和创造性。这可以通过多元化的课堂教学模式来实现，例如利用互动性教学法、案例教学法、讨论式教学法等方式，激发学生的学习热情和参与度。此外，还可以通过线上教育平台，为学生提供更丰富多样的学习资源，让学生在课堂内外都能够自由选择学习方式和学习内容。除了课堂教学，思政教育还应该贯穿于学生的日常生活中，例如组织学生参加社会实践、志愿服务等活动，让学生在实践中学习思政知识，提高其思想政治素养。总之，高校思政工作需要不断创新授课模式和方法，将学生放在中心地位，实现以人为本的教育理念。

（四）完善教学途径，教学与现代化设备相结合

高校思政工作中，除了创新思政课程授课模式与方法，还可以完善教学途径，将教学与现代化设备相结合。随着科技的发展，现代化设备已经成为高校教学不可或缺的一部分，高校思政工作也应该跟进这一潮流，充分利用现代化设备的优势，将思政教育融入其中。例如，可以将思政教育与多媒体技术相结合，通过图像、声音、视频等形式，将思政知识生动地呈现给学生，激发学生的兴趣与好奇心。同时，高校还可以借助互联网技术，建设思政教育平台，提供在线思政课程、资源、互动交流等服务，方便学生随时随地获取思政教育。除此之外，高校还可以利用虚拟现实技术、智能硬件等手段，创新思政教育教学形式，提高思政教育的趣味性和互动性，让学生更加深入地理解和接受思政教育。

第三节　整体设计原则

整体设计原则主要是指，在高校思想政治教育中，需要全面考虑各个方面的因素，从而推进"课程思政"的建设。这个过程需要关注全局、全程和全方位，涉及到各类课程和所有教师，以及整个育人过程。同时，"课程思政"建设也是推进高校三全育人的重要举措之一。为了达到培养高水平人才的目标，高校"课程思政"建设需要与家庭和社会形成教育合力，发挥三方面的作用，共同推动人才培养工作的开展。

课程思政建设的整体设计原则是指高校在推进三全育人的过程中，应将"课程思政"建设视为一个全局、全程、全方位的过程，充分考虑各类课程和全体教师的角色，以及育人的全过程。为了达到培养高水平人才的目的，高校需要协调各课程在育人目标和方向上的一致性，加强学科之间的交流，发现德育资源，同时也要将育人元素融入实践、科研等方面。此外，"课程思政"涉及到全方位的过程，包括显性课程和隐性课程，因此需要以整体性的视野开展思想政治教育，对各类课程中影响人的品德发展的因素进行整合，避免单向度育人的孤岛化现状。最终落实"课程思政"的整体性原则需要明确建设目标和要素，并将做人做事的基本道理、社会主义核心价值观的要求、民族复兴的历史任务等内容

体现在各类课程的目标设计上。

在"课程思政"的整体设计中，学校环境的建设也是一个重要的方面。除了校园文化环境和教室文化环境建设外，还应注重校园生活文化、学生社团文化、公共服务文化等方面的建设。例如，学校可通过组织丰富多彩的文化活动，加强对学生生活方式的引导和塑造，培养学生积极向上、健康向善的生活态度和人生观念。此外，学校还应鼓励学生参与各类社团活动，提高学生的综合素质和社交能力，从而更好地实现"课程思政"的育人目标。公共服务文化方面，学校也应加强公共服务建设，提供优质的校园生活服务，让学生感受到学校的温暖和关怀，从而形成对学校的认同感和归属感。在"课程思政"的整体设计中，学校环境建设是与课程、教师、家庭、社会等多个方面相互作用的重要环节，需要学校、教师、学生和社会各界共同努力，形成合力，为高校思想政治教育工作提供有力的保障。

思政课教学设计，是一个系统化规划思政课教学系统的过程。它遵循着学生为什么学、学什么、怎么学、学的效果如何的思路，对思政课教学过程各要素、环节进行系统化规划，以求得整体优化。虽然加强新时代高校思政课教学设计是百年未有之大变局的世情与新时代的国情的根本要求，是思政课的教情与学情的现实要求，但是面对新时代、新阶段、新任务，要办好新时代高校思政课，其教学设计就不能随心所欲，必须坚持以下基本原则。

一、遵循规律原则

（一）遵循思政课教育教学规律

"八个统一"是思政课教学规律的具体体现，它包括理论联系实际与教学相长的统一、整体优化与重视隐性教育的统一、教师主导与学生主体相结合的统一、既要灌输又讲启发的统一、既以正面教育为主又不回避对社会思潮批判的统一、知识与能力和素质的目标统一、教材体系向教学体系以及学生认知和信仰体系转化的统一。这些规律的遵循，有利于提高思政课教学质量，培养德智体美劳全面发展的社会主义建设者和接班人，推动中国特色社会主义事业不断发展。

（二）遵循大学生的认知规律

大学生是思政课教学设计的中心和目的，因此必须考虑他们的认知规律和特点。现今的大学生主要由"00后"组成，他们具有新世纪青年的特点。他们思想活跃，具有个性和独立性；追求自由和不受束缚的生活方式；云生活方式，如在线学习、购物、交流和娱乐，已成为他们生活的重要方式。大学生的独立性和创造性思维得到了增强，情绪记忆也进一步发展。他们更加注重目的明确、兴趣引导的学习方式，学习的专注力相对增强，但专注力集中的时间有限。只有充分考虑这些因素，才能更好地调动大学生的积极性，更好地因材施教，使思政课教学内容更好地转化为大学生的认知和信仰。

二、坚持育人原则

在高校思政课教学设计中，育人原则是必须坚持的重要原则。这是因为高校思政课是铸魂的关键课程，旨在通过课程内容、教学方法和教学过程，帮助学生全面发展，培养学生的思想道德素质和人文精神。因此，在思政课教学设计中，必须注重育人，以体现思政课独特的课程性质和功能。在新时代，高校思政课教学设计的育人原则，主要体现在以下两个方面：

（一）围绕思政课的教学目标，落实立德树人的根本任务

教师需要将教学内容与学生的价值观、道德观、思想观紧密结合，注重学生思想品德的塑造，强化学生的社会责任感、人文素养和民族精神，增强学生的爱国主义情感，引导学生追求真、善、美，鼓励学生积极探索和实践，激发学生的创新精神和实践能力。同时，教师还需要运用多种教学手段，注重互动式教学、实践教学和创新教学，激发学生的学习兴趣和动力，增强学生的自主学习能力和创新意识。通过落实立德树人的根本任务，思政课教学设计能够更好地发挥其育人功能，为培养德智体美全面发展的社会主义建设者和接班人做出贡献。

（二）实现新时代中国特色社会主义思想与思政课教学的有机融合

在新时代背景下，中国特色社会主义思想已经成为了指导思想，因此，在思政课教学设计中，必须实现中国特色社会主义思想与教学内容的有机融合，以帮助学生建立正确的价值观和世界观。具体而言，思政课教学设计应该围绕中国特色社会主义思想中的核心内容和要求，选取符合学生认知特点和学科特性的思政教育内容，结合具体实例展示中国特色社会主义的理念和实践成果，引导学生理解和贯彻这些思想和实践，实现中国特色社会主义思想与思政课教学的有机融合。同时，教学中还应注重对学生的思维能力和批判能力的培养，以便学生能够更加深刻地理解中国特色社会主义思想，并在实践中运用这些思想。

三、坚持方法原则

（一）坚持问题意识

坚持问题意识指的是教师在教学设计中应始终保持对学生实际问题的关注，通过思政

课教学使学生发现问题、分析问题、解决问题，进而提高学生的思维能力和创新能力。在思政课教学设计中，教师应该结合学生实际，注重教学内容的针对性和实践性，紧密联系当前社会热点问题和学生的生活实际，引导学生通过思考、讨论、实践等多种方式深入探究和解决问题。这样的教学设计不仅能够增强学生的实际问题意识和创新精神，更能够提高学生对社会的认知水平，为学生未来的发展打下坚实基础。

（二）发挥教师主导与学生主体有机结合的作用

教师应当具备专业知识和丰富的思想理论素养，能够将专业知识与思想教育相结合，创造性地设计教学内容和形式。同时，教师应该充分尊重学生的主体性，激发学生的学习兴趣和积极性，注重引导学生思考和独立思考能力的培养，让学生在思想探索中发现问题、解决问题，实现思维转变和人格塑造。

在思政课教学设计中，要充分发挥学生的主体作用，通过课堂讨论、小组讨论、报告、写作等形式，让学生充分表达自己的思想和观点，提高思维能力和表达能力，发现问题并寻求解决方案。教师应该根据学生的实际情况，创造性地设计教学环节和形式，注重培养学生的批判思维、创新思维和实践能力，促进学生的全面发展。

在教学过程中，教师应该尊重学生的个性和差异，关注学生的心理健康和成长发展，注重与学生建立良好的师生关系，建立起互相尊重、信任和合作的关系，营造积极的学习氛围，使学生在轻松、愉悦的氛围中进行思想教育和学习。同时，教师还应该关注学生的学习成果和效果，及时反馈，帮助学生改进和提高。

（三）坚持共性化要求与个性化需求相结合

建设具有中国特色的高水平思想政治理论课教育体系，需要坚持共性化要求与个性化需求相结合。一方面，思政课是育人的主阵地，其教育目标和教育内容具有一定的共性化特征，需要坚持基本的教学要求，确保教学质量和效果。另一方面，学生个性化需求和学习特点不同，需要根据学生的具体情况进行因材施教，灵活运用多种教学方法和手段，满足学生的个性化需求。因此，在思政课教学设计中，需要根据学生的不同背景、特点和需求，制定相应的教学计划和教学方案，注重教学内容的创新和多元化，同时也要注重教学方法和手段的多样化，以满足学生的学习需要和兴趣爱好，实现共性化要求与个性化需求的有机结合。

四、坚持改革原则

新时代有着新矛盾、新任务，因此新时代高校思政课教学设计必须以改革为根本动力，更新观念、突破陈规，以体现思政课教学设计的创新性、时代性、针对性。

（一）坚持教育现代化方向

建设现代化的思政课教学体系，是适应教育现代化发展要求的必然要求。现代化思政课教学体系应该是以人为本、以学生为中心的，以先进教育技术为支撑的，以创新、协同、开放的教学模式为基础的现代教育体系。同时，现代化思政课教学体系应该充分发挥信息化技术的优势，采用多样化的教育教学手段和方式，提高教学效率和教学质量，实现教育资源共享、教育均衡发展。思政课教学中应该融入多元文化元素，使学生接触、了解、学习多元文化，增强文化自信和国家认同感，培养开放、包容、创新的人才。

（二）坚持深化思政课教育改革创新

当前，随着我国经济社会的发展和人民生活水平的提高，高校思政课教育面临着新的挑战和机遇。要充分认识深化思政课教育改革创新的重要性，推动思政课教育由传统向现代转型，建立新时代高校思政课教育新格局。具体而言，需要加强教学方法的创新，采用多样化的教学手段，充分发挥现代化技术手段的优势，推进线上线下相结合的教学模式。同时，还需要针对学生的特点和需求，设计个性化的教学内容和方案，使思政课教育更贴近学生的生活和现实，更有针对性和实效性。另外，也要注重教师队伍建设，提高思政课教师的教学水平和教育能力，培养一支高素质、专业化、创新型的思政课教师队伍。最终，通过不断深化思政课教育改革创新，实现思政课育人效果的最大化。

五、结论

新时代高校思政课教学设计是一个系统规划思政课的教学目标、教学重点、教学方法、时间安排、教学过程、教学评价等教学环节的过程，以实现思政课教学整体优化。为此，需要以下几个方面的保障：

第一，广大思政课教师需要深入学习习近平总书记的教育重要论述，将其作为指导思政课教学设计的根本遵循。

第二，广大思政课教师需要倾心投入思政课教学中，既具备精心进行思政课教学设计的态度，也具备进行教学设计的能力。他们应成为政治要强、情怀要深、思维要新、视野要广、自律要严、人格要正的思政课教师。

第三，思政课教师需要深入了解新时代大学生，爱学生、关心学生，了解学情变化和学生对思政课的意见和建议，以此体现思政课教学的亲和力和针对性。

第四，需要加强智慧校园建设，为现代教学技术在思政课教学中的应用创造必要条件。

第四，思政课教学设计需要坚持社会主义办学方向，扎根中国大地，讲好中国故事，同时融通中外，体现思政课教学设计的时代性、民族性、实践性、创新性、针对性的特点。

第四节　有机融入原则

有机融入原则是指在思政课教学中，将党的理论和国情相结合、教学和实践相结合、学科和专业相结合、课程和社会相结合等多个方面有机地融合在一起，实现教学目标和社会需求的有机统一。有机融入原则是新时代高校思政课教学设计中的核心原则，也是教师应遵循的基本要求。

一、有机融入原则要求思政课教学要把党的理论和国情有机融入到教学过程中

随着时代的发展和社会的进步，新时代对于思政课教育的要求也越来越高，要求思政课教育必须更好地服务于党和国家事业的发展，更好地贴近学生，更好地体现思政课教育的理论和实践的有机融合。在这样的背景下，有机融入原则成为了思政课教学设计的重要原则之一，其中有机融入党的理论和国情则是其中的一个重要方面。

（一）党的理论有机融入思政课教学

党的理论是思政课教学的重要内容之一，是教育学生正确的政治方向，增强政治素质的重要途径。将党的理论有机融入思政课教学中，是加强思政课教育的重要举措。具体来说，有机融入党的理论需要注重以下几个方面：

1. 注重理论的科学性和系统性

将党的理论有机融入到思政课教学中，首先需要注重理论的科学性和系统性。党的理论是以马克思列宁主义、毛泽东思想、邓小平理论、三个代表重要思想、科学发展观、习近平新时代中国特色社会主义思想为主要内容的理论体系。在教学设计过程中，要注重理论体系的科学性和系统性，根据教学内容的特点和学生的实际情况进行有机融合。

2. 注重理论的贴近性和针对性

将党的理论有机融入思政课教学中，需要注重理论的贴近性和针对性。要根据学生的实际情况和思维特点，针对性地讲解党的理论，使学生更好地理解和掌握理论知识，进而提高思政课教学的实效性。

3. 注重理论与实践的有机融合

将党的理论有机融入思政课教学中，需要注重理论与实践的有机融合。只有将党的理

论与学生实际生活和工作相结合，才能更好地帮助学生掌握理论知识，并将理论知识运用到实践中去，提高思政课教育的针对性和实效性。

（二）国情有机融入思政课教学

国情有机融入思政课教学是指将国家政治、经济、文化、社会等各方面的情况融入到思政课教学中，使得教学内容更贴近实际、更具针对性和实效性。具体而言，可以从以下几个方面实现国情有机融入思政课教学：

1. 重视国情教育

在课堂教学中，教师可以通过介绍国家政治、经济、文化、社会等方面的最新动态，让学生更深入地了解国家的现状和未来发展趋势，提高他们对国情的认识和理解。

2. 以具体案例为教学载体

教师可以选取一些贴近学生生活和实际的案例，如当前的热点事件、社会问题等，让学生通过分析案例来理解国情和时代背景。

3. 与实践教学有机结合

通过组织学生参加社会实践、实习、调研等活动，让学生深入了解社会现实和国情，同时加强对思政课教学内容的理解和应用。

4. 多角度展示国情

在教学中，教师可以通过多种教学手段和资源，如图片、视频、音频等多种媒介，来展示国情，让学生从多个角度来了解国情。

5. 强化思政课的实践性

在课程设计中，应注重实践教学环节，让学生通过实践来感受和理解国情，提高他们的社会责任感和使命感。

6. 结合学生特点，进行个性化教学

针对不同学生的特点和需求，教师可以采取不同的教学方法和手段，如分组讨论、个性化指导等，让学生更深入地理解和感受国情。

二、有机融入原则要求思政课教学要把教学和实践有机融合在一起

思政课教学是高校教育中非常重要的一部分，对于培养学生的思想品德、价值观和道德观念具有重要的意义。然而，传统的思政课教学往往缺乏实践性，难以让学生将所学的知识和理论应用到实际生活中，从而形成具有实际意义的经验。因此，有机融入原则的思政课教学模式应运而生。本文将深入探讨有机融入原则在思政课教学中的应用，着重分析教学和实践有机融合的重要性和具体操作方式。

（一）教学和实践有机融合的重要性

思政课的主要任务是为学生提供全面、系统、科学的思想教育，培养学生的理论素养和实践能力，从而使他们在未来的学习和工作中能够充分发挥自己的潜力和才能。然而，传统的思政课教学模式往往只注重理论知识的灌输，缺乏与实际生活的联系，难以激发学生的学习热情和兴趣。因此，有机融合教学和实践是思政课教学中非常重要的一部分，具有以下几个方面的重要性：

1. 提高学生的学习积极性和兴趣

传统的思政课教学模式往往只注重知识的灌输和理论的阐述，缺乏与实际生活的联系，难以激发学生的学习兴趣和热情。而有机融合教学和实践能够将理论知识与实际应用相结合，通过具体实践来验证理论知识的正确性，从而使学生更加积极主动地参与学习，增强学生的学习兴趣和热情。

2. 提高学生的实践能力和创新能力

有机融合教学和实践能够培养学生的实践能力和创新能力，使学生能够将所学的理论知识应用到实际生活中，并通过实践不断地反思和总结，从而不断地完善和提高自己的实践能力和创新能力。

3. 提高思政课教学的针对性和实效性

有机融合教学和实践，不仅可以帮助学生更好地理解和应用所学知识，还能够增强学生的实际操作能力和实践能力，提高他们的综合素质。因此，在思政课教学中，如何将教学和实践有机融合在一起，是一个需要深入探讨和研究的问题。

（1）思政课教学需要注重实践环节的设置

在思政课教学过程中，教师可以根据教学内容的具体情况，设置不同的实践环节，例如实地调研、社会实践、模拟演练等，使学生通过实践活动更好地理解和应用所学知识。例如，在教授社会主义核心价值观时，可以组织学生到社区、企业等地进行实地调研，了解社会主义核心价值观在实践中的应用和体现。

（2）思政课教学需要注重教学和实践的有机结合

教师可以将教学内容和实践环节结合起来，使学生在实践活动中不仅能够感受到理论的指导和支持，还能够通过实践活动来加深对所学知识的理解和记忆。例如，在教授中国特色社会主义理论时，可以组织学生进行模拟演练，使学生在模拟中更好地理解和应用所学理论。

（3）思政课教学需要注重实践环节的反思和总结

在实践活动结束后，教师可以组织学生进行反思和总结，帮助学生深入分析实践活动中遇到的问题和困难，总结实践活动的收获和经验，并将其与所学理论联系起来，加深对所学知识的理解和应用。例如，在社会实践活动结束后，可以组织学生进行座谈会或汇报会，让学生分享自己的感受和体会，促进学生之间的交流和思想碰撞，提高学生的思辨能力和表达能力。

（4）思政课教学需要注重实践环节的评价和反馈

在实践活动结束后，教师可以根据学生的表现和实践成果进行评价和反馈，以便更好地指导学生的学习和实践活动。例如，在实地调研活动中，可以对学生的调研报告进行评价和反馈，指出学生的不足之处，同时也要肯定学生的优点和成绩。教师要根据学生的反馈和表现，及时进行调整和改进，以保证实践教学的效果。

（5）思政课教学需要建立与社会的联系

教师可以邀请社会知名人士或专家来为学生授课，或者引导学生参加社会公益活动、社会调查等活动，使学生更好地了解社会现实，增强社会责任感和担当精神。教师也可以利用社会资源，为学生提供更加丰富多彩的实践教学体验。

（二）教学和实践有机融合的具体操作方式

1. 教学和实践的内容要有机衔接

教学和实践的内容应该有机衔接，通过教学内容的引导和实践活动的实施，让学生将所学知识与实践活动联系起来，加深对知识的理解和掌握。

2. 教学和实践的时间要协调安排

教学和实践的时间要协调安排，使学生能够在实践活动中掌握并应用所学的知识。例如，将实践活动安排在教学内容的相关章节之后，让学生在实践中巩固所学知识。

3. 教师应当参与实践活动的组织与指导

教师应当参与实践活动的组织和指导，对学生进行必要的指导和帮助，引导学生将所学知识应用到实践中去，使学生的实践活动更有针对性和实效性。

4. 实践活动应当符合教学目标和要求

实践活动应当符合教学目标和要求，能够让学生更好地掌握和应用所学知识，增强学生的实践能力和解决问题的能力。

5. 教师应当对实践活动进行及时的评价和反馈

教师应当对实践活动进行及时的评价和反馈，让学生了解自己的不足之处，并进行必要的改进和提高，进而提高学生的实践能力和解决问题的能力。

三、有机融入原则要求思政课教学要把学科和专业有机融合在一起

学科和专业的有机融合是指在思政课教学中，要将各个学科和专业的知识与思想融合

起来，形成多学科交叉的教学模式，以达到更好的教学效果和更丰富的思政课内涵。学科和专业的有机融合是思政课教学设计中非常重要的一项原则。

（一）学科和专业的有机融合可以增强思政课教学的实效性

1. 将学科和专业知识融入思政课教学内容中

在思政课教学中，教师可以引入相关的学科和专业知识，将其融入到思政课教学内容中。例如，在讲授"科技创新"这一思政课教学内容时，教师可以引入与学生所学专业相关的创新案例，让学生更好地理解创新理念，并将其应用到实际专业学习中。

2. 将思政课教学内容融入到学科和专业课程中

除了将学科和专业知识融入到思政课教学中外，教师还可以将思政课教学内容融入到学科和专业课程中。例如，在教授专业课程时，可以引入一些与专业相关的思政课教学内容，以此增强学生对专业知识的理解和掌握，同时也增强了学生对思政课教学内容的认知和理解。

3. 开设学科和专业相关的思政课教学内容

教师可以根据学生所学专业和学科，开设与之相关的思政课教学内容。例如，在经济学专业中，可以开设与"市场经济与社会责任"相关的思政课教学内容，让学生更好地了解市场经济与社会责任的关系，并将其应用到实际学习和工作中。

4. 将学科和专业知识与思政课教学内容进行互动式教学

在教学过程中，教师可以将学科和专业知识与思政课教学内容进行互动式教学。例如，在讲解某个专业课程的知识点时，教师可以引导学生思考这些知识点对应的社会价值和意义，并与思政课教学内容进行对接，从而提升学生的思想品德素质和职业道德素养。

此外，还可以通过案例教学等方式，将专业知识与思政课教学内容相结合。例如，对于法律专业的学生，可以通过分析一些涉及法律问题的案例，让学生更深入地理解法律规定的内涵和作用，同时也可以引导学生从伦理、公正等角度去思考相关法律问题，从而加深对思政课教学内容的理解和领会。

（二）学科和专业的有机融合可以增强思政课教学的针对性

首先学科和专业知识是学生在大学中所学习的重要内容，它们与思政课教学内容之间具有内在的联系和相互影响。因此，将学科和专业知识与思政课教学内容有机融合在一起，可以使学生更好地理解和应用这些知识，更好地把握学科和专业知识与社会实践之间的联系和相互作用。例如，在学习经济学时，可以结合思政课教学内容，引导学生了解经济学原理对于国家宏观经济运行的影响，从而深化学生对于国家政治经济状况的认识，提高思政课教学的针对性。

其次，学科和专业知识的有机融合也可以增强思政课教学的针对性。不同专业的学生在思想观念、知识结构和实践经验等方面存在差异，因此，在思政课教学中，应根据不同专业学生的需求和特点进行有针对性的教学设计，以达到更好的教学效果。例如，在讲解环境保护方面的思政课内容时，可以根据不同专业的学生的背景和需求进行差异化教学，如对环境工程专业的学生重点强调环境保护的技术和实践应用，对文科类专业的学生强调环境保护对社会和文化的影响等，从而提高思政课教学的针对性。

（三）学科和专业的有机融合可以增强思政课教学的实践性

将学科和专业知识有机融合到思政课教学中，可以帮助学生更好地将所学知识应用到实践中，从而增强他们的实践能力。例如，在学习某个专业的基础知识时，教师可以引导学生探究这些知识在实际生活和工作中的应用，从而加深学生对这些知识的理解和记忆。同时，教师也可以通过实践案例和项目，让学生将所学知识应用到实际中，从而锻炼他们的实践能力和解决问题的能力。此外，学科和专业的有机融合也可以帮助学生更好地理解思政课教学内容的实际意义。例如，在学习国际贸易相关课程时，教师可以引导学生思考贸易活动对促进经济发展和提高人民生活水平的作用，从而引导学生更好地理解思政课教学内容的现实意义和实际应用价值。

四、有机融入原则要求教师注重教育教学的个性化需求

个性化需求包括学生的认知规律、兴趣爱好、学习特点等，因此在思政课教学设计中需要关注以下几个方面：

首先，要注重教学内容的个性化呈现。在思政课教学设计中，应该根据学生的兴趣和需求，采取不同的教学策略和教学方式，使教学内容更加贴近学生的实际情况和认知特点，让学生更容易理解和接受。例如，在教授思想政治理论时，可以结合学生的实际生活和经验，引导学生理解和运用理论，让理论与生活相融合，增强学生的学习兴趣和主动性。

其次，要注重教学方法的个性化选择。不同学生在学习过程中的学习方式、学习节奏和学习习惯都不同，因此教学方法也需要因材施教，针对不同学生的需求进行个性化选择。例如，对于思维活跃、喜欢讨论的学生，可以采取小组讨论、案例分析等互动性强的教学方法；对于喜欢自主学习的学生，可以采用线上学习平台和多媒体资源进行课堂辅助教学，让学生自主选择适合自己的学习方式和节奏。

最后，要注重教学评价的个性化设计。教学评价是教学质量的重要标志，也是促进学生学习积极性和主动性的重要手段。在思政课教学评价中，要注重个性化设计，根据学生的学习特点和认知规律，采取多种形式的评价方式，如考试、论文、课堂表现、小组讨

论、项目实践等，以更全面、客观、科学的方式评价学生的学习效果和个性化需求的满足程度，从而为思政课教学的优化提供有力的反馈和指导。

第五节 特色发展原则

特色发展原则是指在思政课教学设计中，要注重发挥学校和学科专业的特色，将其融入到思政课教学中，以达到提高教学实效的目的。随着时代的发展和社会的进步，高校的特色和优势也在不断变化和发展，如何将这些特色和优势转化为思政课教学的特色和优势，是当前思政课教学设计中需要重点探讨的问题。

一、把握学校特色，体现品牌意识

学校特色是指学校在办学过程中形成的独特风格、办学特点和突出优势，是学校办学理念、教学模式、学科建设、师资队伍、教学成果等综合表现。学校特色不仅是学校的鲜明标志，也是学校发展的重要支撑和竞争优势。

在当前高等教育竞争日益激烈的环境下，如何把握学校特色，体现品牌意识，是学校发展的重要问题。而思政课作为育人的重要课程，也应该在把握学校特色、体现品牌意识方面发挥重要作用。

（一）理解学校特色，准确定位思政课教学方向

把握学校特色，体现品牌意识，首先要对学校特色有深刻的理解和认识。只有准确把握学校特色，才能为思政课教学提供正确的指导方向。因此，在思政课教学设计之初，教师要对学校的办学特色、突出优势进行深入的调研和分析，理解学校特色的内涵和外延，确定思政课教学的方向和重点。

在理解学校特色的过程中，教师要关注学校的发展历程、学科建设和师资队伍等方面，了解学校在办学过程中所形成的特点和优势，同时还要关注学校的教育理念和育人目标，理解学校对学生的要求和期望。基于此，教师可以从以下几个方面确定思政课教学方向：

第一，突出学校特色的内涵和外延，将其纳入思政课教学中。例如，如果学校的特色是人才培养方面的创新能力，那么思政课教学可以强调培养学生的创新精神和创新能力。

第二，关注学校教育理念和育人目标，将其融入思政课教学内容中。例如，如果学校的教育理念是以人为本，那么思政课教学可以突出以人为本学校的教育理念和特色是思政课教学中非常重要的一个方面，如何把握学校特色，体现品牌意识，是思政课教学设计的关键之一。接下来将从学校特色的概念、学校特色的价值、学校特色与思政课教学的关系

等方面进行阐述，以期能够对思政课教学设计提供有益的启示。

1. 学校特色的概念

学校特色，是指学校在教育教学、师资队伍、学科建设、校园文化、社会服务等方面形成的独特的、具有较高水平的特点或优势。学校特色是学校的核心竞争力，是学校品牌的重要组成部分。

2. 学校特色的价值

学校特色的价值主要体现在以下几个方面：

（1）帮助学校建立品牌形象。学校特色是学校品牌的核心，能够凸显学校的优势，提升学校的知名度和美誉度。

（2）帮助学校提高教学水平。学校特色能够引导学校在某一领域深耕细作，形成一支具有专业精神的教师队伍，培养一批优秀的学生，提高学校的教学质量。

（3）帮助学校服务社会。学校特色能够使学校更好地服务社会，为社会发展提供有力的支持。

3. 学校特色与思政课教学的关系

学校特色是思政课教学设计的重要依据。在思政课教学设计中，应该紧密围绕学校的特色展开，注重突出学校的特色和优势，以此提升思政课教学的实效性和针对性。

（1）突出学校的特色和优势。学校的特色和优势是学校品牌的重要组成部分，也是思政课教学设计的重要依据。在思政课教学中，应该充分发掘学校的特色和优势，以此打造具有学校特色的思政课教学。

（2）提高思政课教学的实效性和针对性。学校的特色和优势是思政课教学设计的重要依据，突出学校特色能够更好地体现出思政课的价值和意义，使得思政课教学更加符合学校的办学特色和人才培养目标。

一方面，把握学校特色能够使思政课教学更具针对性。学校的特色和办学方向不同，对于思政课教学也有不同的要求。例如，如果学校的特色是人文关怀，那么思政课教学就要更注重关怀学生的情感需求，更多地关注学生的精神世界。而如果学校的特色是技术创新，那么思政课教学就要更加注重技术创新与社会发展的关系。因此，教师在进行思政课教学设计时，需要根据学校的特色和优势，制定相应的教学目标和内容，使得思政课教学更具针对性和实效性。

另一方面，把握学校特色也能够更好地体现品牌意识。学校的特色是学校品牌的重要组成部分，而思政课教学是学校育人品牌的重要组成部分。把握学校特色并将其融入到思政课教学中，不仅能够体现学校品牌意识，更能够加强学校的品牌建设，提升学校的影响力和竞争力。

（二）将学校特色与思政课教学内容融合，体现品牌意识

将学校特色与思政课教学内容融合，是体现品牌意识的重要途径之一。具体来说，可以从以下几个方面入手：

1. 融入学校特色的教学案例和实践活动

教学案例和实践活动是思政课教学中不可或缺的环节，通过融入学校特色的案例和实践活动，能够让学生更加深入地了解学校的特色，并体验到学校特色所带来的实际效益。例如，对于一所侧重于创新创业的高校，可以通过教学案例和实践活动，引导学生深入了解创新创业的理念和实践，从而让学生更加深刻地体会学校特色所带来的价值和意义。

2. 培养学生的学校特色意识和身份认同感

思政课教学不仅要向学生传递知识和思想，更要培养学生的学校特色意识和身份认同感。这可以通过让学生了解学校的历史、文化、成就等方面来实现。同时，在教学中也可以通过引导学生思考学校特色对于自身成长和发展的意义，从而让学生更加深入地理解和体验学校特色所带来的实际效益。

3. 融入学校特色的评价体系

评价是教学过程中不可或缺的环节，而融入学校特色的评价体系能够更好地反映出学校特色在思政课教学中的贯彻和落实情况。例如，在考核学生的思政课成绩时，可以融入学校特色的要求和标准，从而更好地体现学校特色对于学生综合素质的培养和提升的贡献。

（三）注重思政课教学实践，强化学生的创新能力

注重思政课教学实践，强化学生的创新能力，是新时代高校思政课教学设计的重要原则之一。随着社会的快速发展和不断变化，高校应当注重培养学生的创新能力，以适应未来的挑战和机遇。而思政课作为高校育人的重要阵地，应当在教学中注重实践环节，强化学生的创新能力。

（一）实践教学是提高学生创新能力的重要手段

实践教学是指在课程设置中融入实践活动，让学生亲身参与其中，以此提高学生的创新能力。实践教学具有真实性、体验性、实用性等特点，能够激发学生的学习兴趣，增强学生的实践能力和解决问题的能力，进而提高学生的创新能力。

在思政课教学中，实践教学是非常重要的一环。教师可以通过组织实践活动、实地考察、社会实践等方式，让学生亲身体验思政课教学内容，加深学生对思政课教学内容的理解和认识。例如，在讲解社会主义核心价值观时，教师可以组织学生参观社会公益组织，了解社会公益事业的意义和作用，从而加深学生对社会主义核心价值观的理解和认识。

（二）开设创新型思政课程，提高学生创新能力

为了进一步提高学生的创新能力，可以在思政课教学中开设创新型思政课程，引导学生从创新角度去理解和思考思政课教学内容。创新型思政课程不仅要注重学科知识的传授，还要注重培养学生的创新能力，让学生在思政课教学中感受到创新的魅力。

在创新型思政课程设计中，可以采用多种教学方法，如 PBL 教学法、案例教学法、竞赛式教学法等，以激发学生的学习兴趣和创新意识。例如，在讲解创新创业的思政课程中，可以采用竞赛式教学法，组织学生进行创业模拟比赛，让学生在模拟比赛中体验创新创业的过程和挑战，锻炼创新能力和团队协作能力。同时，还可以邀请校外创业成功者来分享经验，激励学生在创新创业方面发掘潜能。

另外，在思政课实践教学中，学校可以开设一些创新创业实践课程或者实践性活动，让学生在实践中掌握创新方法和技能，提高创新能力。例如，在开设"创新与实践"实践课程中，可以组织学生参加创新创业比赛、科技成果转化等活动，培养学生的创新思维和实践能力。

此外，学校还可以开展一些与社会实践有关的思政课教学活动，如社会调研、社会实践等，让学生走出课堂，深入社会实践，通过实践锤炼创新能力和解决问题的能力，进一步提高思政课教学的实效性和针对性。

在实践教学中，教师应该注重对学生的指导和引导，让学生在实践中感受思政课教学内容的现实价值，从而促进思政课教学的有效实施。同时，教师还应该及时对学生的实践成果进行评价和反馈，指导学生进一步完善实践方案，不断提高创新能力和解决问题的能力。

二、注重学科交叉，融合多学科资源

通过学科交叉和融合多学科资源，可以更好地激发学生的创新能力，培养学生的跨学科思维和解决问题的能力，进而提高思政课教学的实效性和针对性。下面将就此话题展开讨论。

（一）学科交叉的概念

学科交叉是指不同学科之间相互渗透、相互融合，形成新的研究领域和学科范畴的过程。学科交叉是近年来教育界和科研界普遍关注的研究领域，因为它可以促进不同领域的知识交流和创新，推动学科的跨越式发展。在思政课教学中，学科交叉可以让学生从不同学科领域获取知识，拓宽视野，提高综合素质。

（二）融合多学科资源的意义

融合多学科资源是指在教学过程中，将不同学科领域的知识和资源进行整合，形成有机的结合关系，以实现更加综合的教学目标。在思政课教学中，融合多学科资源的意义在于可以让学生更加全面地了解相关社会问题和背景，提高学生的分析和解决问题的能力。

（三）学科交叉和融合多学科资源的实现方法

学科交叉和融合多学科资源是一个复杂而有挑战性的任务，需要教师们充分发挥专业知识和教学经验。下面列举几种实现方法：

1. 教学内容设置

在思政课教学中，可以将不同学科领域的知识点相互融合，形成有机的教学内容。例如，在讲解现代科技的思政课程中，可以将物理、化学等学科领域的知识点进行整合，让学生更加深入地了解现代科技发展的原理和应用。

2. 教学方法选择

教学方法是实现学科交叉和融合多学科资源的重要手段。可以采用多种教学方法，如PBL教学法、案例教学法、课程设计等，以激发学生的学习兴趣和创新意识。例如，在讲解创新创业的思政课程中，可以采用竞赛式教学法，组织学生进行创业模拟比赛，让学生在模拟比赛中体验创新创业的实践过程，并借助各学科资源进行创业规划和分析，如市场营销、财务管理等，从而增强学生的综合素质。

另外，教师还可以组织学生参加各类学科交叉的实践活动，如科技创新比赛、创业比赛等，以此促进学科交叉和融合多学科资源。例如，在创新创业比赛中，可以邀请各个学科领域的专家组成评审团，对参赛项目进行评审和指导，同时，也可以邀请各个学科领域的学生参加比赛，从不同角度和专业视角对参赛项目进行评价，促进学科交叉和资源融合。

此外，还可以借助新型信息技术手段，如互联网、移动设备等，进行跨学科知识的整合和传播，搭建各学科领域的知识交流平台，促进学科间的交流与融合。例如，可以建立一个在线学习平台，以学校的特色课程为基础，加入其他学科的知识和资源，让学生可以自由选择不同的学科学习内容，增强学生的跨学科思维和创新能力。

最后，教育管理部门应该积极推进学科交叉与融合多学科资源的教育体制改革，建立学科间合作的机制，设立跨学科教学研究机构，促进教师的跨学科培训和交流，以及提供相关的资金和政策支持，为学科交叉与融合多学科资源的实践提供保障。

注重学科交叉与融合多学科资源，可以增强思政课教学的针对性和实效性，提高学生的综合素质和创新能力。教师应该注重教学方法的创新和实践活动的组织，学校和教育管理部门也应该积极推进学科交叉与融合多学科资源的教育体制改革，共同促进教育事业的发展。

三、注重实践教学，提升教学效果

（一）设计合理的实践环节

在课程设计中，要合理地安排实践环节，使学生在实践中体验到思政课教学内容的实际意义和价值。例如，在讲解社会主义核心价值观的思政课程中，可以组织学生到社区开展志愿服务活动，让学生亲身体验和感受核心价值观的实际应用和意义。

（二）紧密结合实际情况

教学内容要与实际情况紧密结合，引导学生关注社会热点、关注国家发展，提高学生的社会责任感和使命感。例如，在讲解中国特色社会主义的思政课程中，可以引导学生关注当前中国的发展状况，了解当前中国所面临的困难和挑战，以及如何通过特色发展实现国家繁荣昌盛。

（三）提高实践环节的针对性

实践环节要具有针对性，能够针对学生的实际需求和专业特点，提高学生的专业素养和实践能力。例如，在讲解创新创业的思政课程中，可以根据学生的专业背景和兴趣，组织相关的创业实践活动，帮助学生更好地掌握创新创业的知识和技能。

（四）强化实践环节的评价和反馈

在实践活动结束后，要对学生的表现和实践成果进行评价和反馈，以便更好地指导学生的学习和实践活动。例如，在实地调研活动中，可以对学生的调研报告进行评价和反馈，指出学生的不足之处，并提供改进建议，帮助学生不断提高实践能力和素养水平。

（五）推广实践成果和经验

在实践环节结束后，要及时总结实践成果和经验，推广到其他课程和领域中，为学生提供更多的实践机会和发展空间。例如，在创新创业的实践活动结束后，可以通过举办创业比赛、创业沙龙等活动，将学生的创新成果和经验分享给其他学生，促进创新创业文化的普及

实践教学是思政课教学的重要组成部分，也是提升教学效果的关键手段。通过实践教学，学生能够更加深入地了解社会现实、感受社会热点，培养实际动手能力和解决问题的

能力，同时也能更加深入地领悟到思政课教学内容的实际意义。

在注重实践教学的过程中，可以采用多种形式，如社会实践、创新创业实践、实验教学等。例如，在社会实践中，可以组织学生走进社会，开展社会调查、社会服务等活动，让学生深入了解社会现实和热点问题，并进行思想深度分析。在创新创业实践中，可以鼓励学生积极创新创业，组织创业比赛、创新创业展示等活动，以提升学生的创新创业能力和实际动手能力。

同时，注重实践教学也需要注重评价和反馈。在实践活动结束后，教师可以根据学生的表现和实践成果进行评价和反馈，以便更好地指导学生的学习和实践活动。例如，在社会调查活动中，可以对学生的调研报告进行评价和反馈，指出学生的不足之处，同时也肯定学生的成绩和表现，以激发学生的学习兴趣和创新意识。

四、采用多元化的教学方式，激发学生学习兴趣

随着教育理念的不断更新和教学方法的不断丰富，教育教学已经不再局限于单一的传统教学方式。多元化的教学方式不仅能够激发学生学习的兴趣，提高学习效果，同时也能够适应不同学生的学习特点和需求，更好地满足教育教学的多元化需求。

在思政课教学中，采用多元化的教学方式同样具有重要意义。思政课教学是以人为本、立德树人的重要途径，教学方式的多样化可以更好地培养学生的思想道德品质和实践能力，促进他们全面成长。具体而言，可以采用以下教学方式：

（一）案例教学法

案例教学法是一种以案例为基础的教学方法，通过分析和讨论案例，引导学生思考问题和解决问题的方法。在思政课教学中，可以采用案例教学法，让学生通过学习案例，了解社会现象和问题，并帮助他们理解相关的思想和政策。

（二）小组讨论

小组讨论是一种以小组为单位，以主题为中心，进行相互交流和讨论的教学方式。在思政课教学中，可以通过小组讨论的方式，让学生自主参与，思考和探讨问题，提高他们的思辨能力和沟通能力。

（三）翻转课堂

翻转课堂是一种将课堂教学内容和任务放到课外完成，将课堂时间用于讨论和互动的教学方式。在思政课教学中，可以采用翻转课堂的方式，让学生提前自主学习教学内容，在课堂上进行互动和讨论，提高他们的参与度和思考能力。

（四）模拟演练

模拟演练是一种通过模拟真实场景，让学生体验和感受某种行为、工作或决策过程的教学方式。在思政课教学中，可以采用模拟演练的方式，让学生通过实际操作和体验，更好地理解相关思想和政策，提高他们的实践能力。

（五）多媒体教学

多媒体教学是一种利用多种媒体手段，如图片、音频、视频等，进行教学的方式。在思政课教学中，多媒体教学可以使教学内容更加生动形象，激发学生学习兴趣，提高教学效果。例如，在讲解某一历史事件时，可以使用相关图片或视频进行辅助教学，让学生更加直观地理解历史事件的发生过程和影响。同时，多媒体教学也可以提高教学效率，缩短教学时间，为教师和学生节约时间。

以上是几种多元化的教学方式，它们各有特色，可以根据不同的思政课教学内容和教学目标，采用不同的教学方式进行教学。在教学过程中，教师应根据学生的特点和学习需要，灵活运用多种教学方式，以激发学生的学习兴趣，提高教学效果。

五、注重评价和反馈，促进教学质量的不断提高

通过对教学过程和学生学习情况进行评价和反馈，可以及时发现问题并加以解决，进一步提高教学质量和教育教学效果。

（一）注重教学评价

在思政课教学中，教学评价需要注重以下几个方面：

1. 注重定量和定性相结合

教学评价需要同时考虑学生的学习成绩和学习过程中的表现。定量评价可以用考试成绩、作业完成情况等指标来衡量学生的学习情况；定性评价可以通过观察学生的思想、态度、价值观等方面来评价学生的学习情况。

2. 注重多元化评价

教学评价需要从不同角度进行评价，如课堂表现、作业完成情况、小组讨论情况、实践表现等，以全面了解学生的学习情况。

3. 注重个性化评价

教学评价需要根据学生的个体差异进行评价，了解每个学生的学习情况和成长需求，采用不同的评价方式和标准进行评价。

（二）注重教学反馈

在思政课教学中，教学反馈需要注重以下几个方面：

1. 及时性

教学反馈需要及时反馈，让学生及时了解自己的学习情况，及时调整自己的学习策略。

2. 具体性

教学反馈需要具体，明确指出学生在学习过程中的问题和不足之处，提出可行性建议。

3. 针对性

教学反馈需要针对性，根据学生的不同情况和需求，提出不同的反馈意见。

4. 积极性

教学反馈需要积极，鼓励学生发扬优点，克服缺点，不断提高自己的学习成绩和能力。

第四章　高校课程思政实施的机制

高校实施"课程思政"是一项有计划、系统性、协调性的教学活动，经过实践证明是一种有效的思想政治教育方式。从高校"课程思政"实践效果的规律性发展趋势来看，还需要出台相应的管理制度以加以保障。因此，强化体制机制是将思想政治教育融入高校各部门及其人员之中，紧扣高校思想政治教育的目标，在一定的动力驱动、监督制约、体制评价与保障下，相互协调合作，形成培育目标得以实现的制度化体系。

第一节　动力机制

在当前社会转型时期，高校思想政治教育需要应对新的形势和挑战，增强动力。为此，需要构建高校思想政治教育动力机制。这个机制包括内涵、结构、形成机制和规律等方面。内涵方面，应该注重培养学生的道德品质和社会责任感，增强他们的社会意识和社会参与能力。结构方面，应该将教师、学生、家长、社会资源等各方面的力量整合起来，形成协同合作的局面。形成机制方面，应该通过制度创新，建立完善的激励机制、评价机制和管理机制，使思想政治教育得到长期、稳定的发展。规律方面，应该根据实践经验和理论研究，总结出高校思想政治教育动力机制的一般规律，并将其纳入到高校思想政治教育的管理和实践中，不断优化和完善。通过构建高校思想政治教育动力机制，可以使高校思想政治教育得到全面、有力的发展，提高学生的思想政治素质和综合素质，为我国高等教育事业的发展做出积极贡献。

一、高校思想政治教育动力机制的概念解构

思想政治教育是高校教育中的重要内容，是通过教育和引导学生，使其具备正确的思想观念、政治观念和道德观念，促进其全面成长发展的一项活动。它是对学生的认识、情感和行为进行全面的引导和培养，旨在通过思想政治教育使学生不断提高自身素质，拥有正确的世界观、人生观和价值观，具备独立思考和判断的能力，有社会责任感和创新意识，成为有担当、有能力的新时代人才。对于高校思想政治教育动力机制的概念解构需从两方面进行：

（一）高校思想政治教育动力机制的外延

1. 高校思想政治教育相关法律法规和政策文件的支撑

国家出台的高校思想政治教育相关法律法规和政策文件，为高校思想政治教育提供了制度保障和政策支持。

2. 高校思想政治教育教学体系的构建

高校思想政治教育教学体系的构建，是高校思想政治教育动力机制的重要组成部分。完善的教学体系能够为高校思想政治教育提供教学资源和支持，提高思想政治教育的质量。

3. 高校思想政治教育教师队伍的建设

高校思想政治教育教师队伍的建设，是高校思想政治教育动力机制的重要保障。优秀的教师队伍能够为高校思想政治教育提供有力的师资支持和引领作用。

4. 高校思想政治教育课程体系的建设

高校思想政治教育课程体系的建设，是高校思想政治教育动力机制的重要组成部分。完善的课程体系能够为高校思想政治教育提供理论和实践的支持，促进学生全面发展。

5. 高校思想政治教育质量监控机制的建立

高校思想政治教育质量监控机制的建立，是高校思想政治教育动力机制的重要保障。有效的监控机制能够为高校思想政治教育提供动态监测和反馈，及时纠偏和提升教育质量。

（二）高校思想政治教育动力机制的内涵

所谓思想政治教育的动力机制是指作用于思想政治教育本身，引起、激发和推动思想政治教育创新的各种力量的释放路径。因而高校思想政治教育的动力机制彰显了以下几个特征：

1. 生活性

"生活性"可以指的是思想政治教育需要贴近学生的生活实际，注重在日常生活中渗透思想政治教育，帮助学生在生活中学会自我教育、自我管理、自我约束，从而形成良好的人生态度和价值观。例如，在宿舍管理中，可以注重培养学生的协作能力、责任感和公共意识，加强对宿舍纪律的管理和宣传，引导学生遵守公共秩序和规则。在课堂教学中，可以结合当前社会热点、学科前沿、生活经验等，引导学生思考并分析问题，培养学生的批判思维和独立思考能力。同时，还可以在校园文化建设、文艺活动、志愿服务等方面注重生活性思想政治教育，将学生的生活实际与思想政治教育紧密结合，提高学生的思想品德修养和社会责任感。

另一方面，"生活性"也可以指的是思想政治教育具有生命力和活力，不断更新和适应时代的发展变化。高校思想政治教育需要与时俱进，关注学生的新需求、新问题和新情况，不断改进和创新教育方式，提高教育效果和质量。这种"生活性"思想政治教育需要借助现代科技手段，加强信息化建设和教学资源共享，利用网络平台、移动应用等方式提供多样化、个性化的学习体验，同时也需要积极探索和借鉴国内外思想政治教育的先进经验，不断提升教育的科学性和实效性。

2. 复合性

复合性是指高校思想政治教育动力机制是由多种因素组成，包括学生个体因素、教师因素、课程因素、校园文化因素、家庭因素、社会因素等多方面的因素共同作用形成的。这些因素相互作用、相互影响，形成了高校思想政治教育动力机制的复合性特征。其中，学生个体因素是指每个学生的个人特点、人格特征、思想意识等因素，这些因素直接影响到学生对思想政治教育的接受程度；教师因素是指高校思想政治教育中扮演的重要角色，包括教师的思想政治素质、教育教学能力、教学态度等；课程因素是指思想政治教育课程的设置、内容、形式等方面的因素，这些因素直接影响到思想政治教育的实施效果；校园文化因素是指高校的校园文化氛围、学风、管理制度等，这些因素对学生的思想品德具有潜移默化的影响；家庭因素是指学生的家庭环境、家庭教育等，这些因素对学生的思想品德形成也有重要的影响；社会因素是指社会环境、社会价值观等，这些因素对学生的思想品德形成也有深刻的影响。这些因素相互作用、相互影响，共同构成了高校思想政治教育动力机制的复合性特征。

3. 动态性

动态性指高校思想政治教育动力机制的不断变化和适应性。随着社会的发展和变化，高校思想政治教育动力机制也需要不断地适应和调整，以保持其活力和有效性。例如，随着新兴科技的发展，高校思想政治教育动力机制需要采用更加先进的教育技术和手段来满足学生的需求；同时，随着社会需求的变化，高校思想政治教育动力机制也需要不断地更新教育内容和形式，以适应社会的发展需求。因此，高校思想政治教育动力机制必须具有动态性，以适应时代的变化和发展的需要。

二、高校思想政治教育动力机制的构建动因

（一）高校思想政治教育存在的问题

虽然高校思想政治教育事业在党中央的高度重视下取得了极大的成绩，但是，与社会形势的发展变化和人民对大学生思想理论的需求比较起来，社会转型时期的高校思想政治教育仍然存在不少问题：

1. 高校思想政治内容背离创新主航道

高校思想政治教育内容的创新一直是一个亟待解决的问题。在当前社会和经济发展的大背景下，高校应当顺应时代的潮流，将思想政治教育与时俱进，符合时代的要求，使其更好地适应现代化建设的需要。

然而，现实中高校思想政治教育内容的创新程度相对较低，存在与创新主航道背离的问题。

首先，传统的思想政治教育内容依然占据主导地位。传统的思想政治教育内容更多地强调理论知识的传授，而在当今社会，只有注重实践与创新，才能更好地适应社会发展的需要，才能更好地引领学生走向成功。

其次，思想政治教育内容的实际应用性较低。许多思想政治教育的内容依然停留在理论上，缺乏实际应用的内容，不能够真正地帮助学生解决现实生活中的问题，也无法真正引导学生走向现代化建设的主航道。

再次，思想政治教育的内容缺乏多元化和开放性。现代化建设需要多元化和开放性的思想，而传统的思想政治教育内容缺乏这些特征。因此，思想政治教育的内容需要更加开放，注重多元化，以适应现代社会多样化的需求。

2. 高校思想政治教育主客体置换

高校思想政治教育主客体置换是指在高校思想政治教育中，教育者和受教育者的角色互相转换，受教育者不再是被动接受者，而是成为了思想政治教育的积极主体。这一理念是随着社会发展和高校思想政治教育改革的不断深入而逐渐形成的。

传统的高校思想政治教育主要是教育者向学生灌输理论知识，学生被动接受，存在主客体分离的情况。这种教育方式容易导致学生对思想政治教育的反感和厌烦，同时也容易使得学生在接受思想政治教育时只停留在理论层面，缺乏实践操作的能力。

为了改变这种状况，高校开始探索思想政治教育主客体置换的教育模式。这种模式下，教育者不再是单纯的传授者，而是成为学生的引导者和合作者。学生在思想政治教育中扮演着积极的主体角色，通过与教育者的合作与互动，共同探讨问题，深入了解理论知识，强化思想政治教育的实践操作。

具体来说，高校思想政治教育主客体置换的实现需要以下几个方面的努力：

（1）加强教育者的专业化和教育经验：教育者需要具备高水平的理论素养和丰富的教育经验，才能更好地引导和帮助学生在思想政治教育中发挥积极主体作用。

（2）重视学生的实践操作能力培养：高校需要注重学生实践能力的培养，通过实践操作，使学生更深入地理解和掌握思想政治教育的理论知识，并将其运用到实际生活中。

（3）引导学生主动参与思想政治教育：高校需要鼓励学生积极参与思想政治教育，使其成为教育的主体，在课堂中积极发言、提出问题，通过讨论和合作，共同探讨和解决问题。

3. 高校思想政治教育的制度失衡

高校思想政治教育的制度建设既具有共性，也具有个性。在共性方面，存在全国统一的制度性安排。而在个性方面，各地区会根据自身实际情况制定不同的制度安排，从而呈现出力度不同、发展水平参差不齐的不平衡现象。随着"以经济建设为中心"的观念兴起，高校思想政治教育制度建设的重要性有所削弱，甚至有所淡化。这反映了各级教育行政部门对高校思想政治教育的重视程度，同时也指出了高校思想政治教育未来发展的方向。

（二）社会转型下高等思想政治教育的必然

随着高等教育大众化程度的不断提高，高等教育已经成为社会发展的中心。高校的知识传播、科研创新和服务社会等三大职能与社会的联系日益紧密，同时，社会也对高等教育和大学生提出了更高的要求和期望。面对客观现实世界的变化，我们需要增强人们主观世界的辩证思维，强化科学发展的观念，使人们的思维方式从单向性转变为多向性，从离散性转变为联系性。因此，我们迫切需要实现单项教育的协调与综合，以系统科学的思维方式构建思想政治教育的方法体系，强化方法的系统运作，整体协调，形成教育动力和综合优势。

为了适应时代要求和需要，我们需要探索高校思想政治教育动力机制，即如何组织和协调各方面的力量，形成高校思想政治教育工作的整体动力。这成为了当前需要着力解决的现实问题。

三、高校思想政治教育动力机制的形成规律

高校思想政治教育动力是一个有机的体系，其整个体系所散发的能量和表现出的状态都是该系统内部各个动力要素的结果。高校思想政治教育的施教系统与受教系统的矛盾贯穿于整个教育过程始终，是推动高校思想政治教育过程发展的基本动力。

这种矛盾主要体现在教育者所掌握的一定社会的思想品德要求与受教育者的思想品德水平之间的矛盾上。教育要求与受教育者思想品德发展之间需要保持适度的张力，这是"适应超越规律"的必然要求。高校思想政治教育动力机制的运行保障来自于其内置逻辑的基本规律。因此，"适度的张力"成为动力系统的主要驱动力和推动力，这是高校思想政治教育动力形成的一项重要机制，可称之为驱动机制。

四、教育体制改革的牵引动能

"课程思政"是国家意志在高等教育中的体现，也是全面深化教育综合体制改革的重要举措。实施和建设"课程思政"是当前不可回避的历史使命，是高校实施素质教育、落实立德树人根本任务、创新育人方式的实践探索。在教育体制改革的牵引下，建设"课程

思政"需要破除各种体制机制障碍，最终实现教育公平和人才的高质量培养。实施"课程思政"不仅是一种教育教学方式的改革，更是一种理念和价值观念的深刻变革，要求高校贯彻落实立德树人根本任务，加强学生思想政治教育，提高学生综合素质，培养德智体美劳全面发展的社会主义建设者和接班人。这对于高等教育的可持续发展和社会的长期稳定具有重要意义。

（一）高等教育内涵发展的要求

高等教育的核心工作是人才培养，"课程思政"应该探索适应自身特点的培养模式，不断提高人才培养水平，培养适应社会需要的应用型、创新型人才。同时，要将思想政治教育放在高校课程育人工作的首位，鼓励创新教师的教学方法，通过课堂教学来培养学生的爱国情怀和社会责任感，使社会主义核心价值观内化于心、外化于行。对于"课程育人"的发展，需要进行引导，避免高校学生的意识形态自发性的发展，引导学生从潜移默化中接受思想政治教育。专业课程和通识课程中的思想政治教育内容不是简单的灌输，需要创新方式方法，以达到引导和影响高校学生内心想法的目的。为此，高校需要有专门的人员和一整套体制机制来把握思想政治教育的全局，将"课程思政"作为一个大型的系统工程，进行成体系的推进。

（二）高等教育人才培养的目标驱动

教育体制改革创新发展是时代进步的不竭动力，也是教育发展的时代主题。新时代教育改革对促进社会进步和人的全面发展提出了新的要求。

作为人才培养的圣地，高等教育的根本任务是立德树人。实施"课程思政"是教育理念的升级，通过在专业人才培养中实施"课程思政"，可以给予学生均衡优质的发展，培养其社会责任感。在高校人才培养过程中，课程教育是最核心的部分。当前，高校专业教学和通识教学更注重学生的知识和实践能力培养，却忽略了对学生价值观和理想信念的引导。因此，高校需要系统地落实"课程思政"改革，将其作为课程教学的使命和责任，将具有时代感的正能量引入课堂，在显性教育和隐性教育之间形成互融互促的关系，放大思想政治教育的鲜活性，培养学生的家国情怀。

五、思想政治理论课改革的推进动能

在思想政治理论课教学改革的过程中，从"思政课程"转向"课程思政"是因为现实问题的压力而采取的应对措施。思想政治理论课程侧重于对"人"的培养，促进学生知识的增长、正确价值观的树立和综合素质的提升，从而实现身心自由和全面发展。因此，思想政治理论课的改革推动了"课程思政"的实施和建设。

在"课程思政"的实施和建设过程中,高校应当注意将其纳入整个课程体系的建设中,使其与专业课程和通识教育课程相互融合和协调,形成一个统一的课程育人体系。在教学过程中,应充分发挥课程的育人作用,引导学生在课程学习中感受社会的真实性和历史的深远性,加强对社会主义核心价值观的理解和实践,提升学生的综合素质和社会责任感。同时,也要加强对课程教师的培训和考核,提高课程教学的质量和水平。

(一) 加大各类课程的协同创新力度

加大各类课程的协同创新力度不仅需要学科之间的跨界合作,更需要将思想政治教育与专业课程、通识教育课程有机结合起来,形成一个协同创新的教育体系。

在专业课程方面,应加强对专业课程与思想政治教育之间的关联性和互动性的研究,探索如何在专业教育中融入思想政治教育内容,促进学生思想政治素质的提升。

在通识教育方面,应加强对通识教育课程与思想政治教育之间的协同创新,探索如何在通识教育课程中融入思想政治教育的理念和内容,提高学生的综合素质和社会责任感。

此外,高校还应加强对教师的培训和教学方法的改进,鼓励教师在课堂教学中创新教学方法,注重教学过程中的思想政治教育内容的引导和培养,增强教师对学生的思想政治引导和教育的能力。

(二) 充分发挥学科间的相互提升合作

充分发挥学科间的相互提升合作不仅可以促进知识体系的完整性和凝聚力,更可以拓宽学生的视野,提高学生的创新能力和综合素质。

首先,高校应积极推动各个学科间的交叉融合,鼓励学科之间的合作研究,加强各个学科之间的信息共享和人才流动,打破学科壁垒,促进学科交叉和学科创新。

其次,高校应鼓励教师和学生跨学科学习和研究,开展跨学科教学和研究活动,引导学生在专业学习的基础上拓展知识领域,培养学生的跨学科思维能力和综合素质。

最后,高校应建立健全的学科间合作机制,包括组织跨学科研究团队、设立跨学科教学项目、组织学科交流会议等,推动各学科之间的合作与交流,形成全面协同的教育体系。

六、队伍建设的激励动能

(一) 以岗分类的师资培养机制

以岗分类的师资培养机制是指根据高校各职能岗位的特点和要求,对师资进行分类培养和专业化发展。这种培养模式旨在为高校提供更加适用的人才资源,同时提高教师的专业素质和学科竞争力。一般来说,高校教师的职能可以分为教学、科研和管理三个方面,而不同职能的教师在专业知识、教学能力、科研能力、管理能力等方面存在差异。因此，以岗分类的师资培养机制就是在不同岗位上对教师进行分类培训，使其具备更为专业化的素质。具体来说，高校可以通过岗位划分和培训计划，对教师进行分类培养和专业化发展。例如，在教学方面，高校可以设置教学师和教学研究师两类岗位，分别培养针对不同学科和年级的教学能力；在科研方面，可以设置科研专员和科研骨干两类岗位，分别培养基础研究和应用研究的能力；在管理方面，可以设置管理干部和管理专员两类岗位，分别培养领导能力和综合管理能力。此外，高校还可以通过各种方式加强岗位教师的培训和发展，如开展专业技能培训、鼓励教师参与学术交流和学科建设等。这些措施有助于提高教师的专业素质和综合能力，提高教育教学质量和科研水平。

（二）多学科协作的教学动力机制

多学科协作是指在教育教学过程中，各学科之间相互协作、交流、融合，以达到更加综合、全面的教育目标。多学科协作的实现需要一个动力机制的支撑，以促进教育教学的跨学科融合和协同发展。下面将重点探讨多学科协作的教学动力机制。

1. 建立激励机制

建立激励机制是促进多学科协作的重要手段。学校可以通过多种方式对参与多学科协作的教师进行激励，如提供更多的教学资源、提供教育教学改革项目支持、提高教师的绩效考核权重等。这些激励措施能够刺激教师们参与多学科协作，提高其积极性和创造性，从而推动教育教学质量的不断提高。

2. 营造良好的教学环境

营造良好的教学环境是多学科协作的必要条件。学校应当建立跨学科合作机制，组织相关学科教师和学生进行讨论、交流和合作，鼓励教师们开展跨学科课程设计和教学活动。此外，学校还应当为教师提供良好的教学设施和资源，如教学软件、多媒体教室等，为多学科协作提供必要的技术支持。

3. 开展多元化的课程设置

开展多元化的课程设置是促进多学科协作的重要手段。学校可以根据学生的学科需求，设置涵盖多个学科的跨学科课程，为学生提供更加全面的知识体验。同时，学校还可以将多个学科的课程融合起来，形成跨学科教学项目，鼓励教师们开展更具创意性和探索性的教学活动。

4. 提供必要的培训和支持

学校应当为参与多学科协作的教师提供必要的培训和支持。在多学科协作的过程中，教师需要具备跨学科教学和跨学科协作的能力，学校可以组织相关的培训和研讨活动，提高教师的跨学科教学和跨学科协作能力。此外，学校还应当提供必要的资金和技术支持，以促进多学科协作的开展。例如，为教师提供教学软件、多媒体设备等技术设施，为跨学科课程设计和开展提供必要的经费和资源支持。

5. 强化评价机制

强化评价机制是多学科协作的重要保障。学校应当建立多学科协作的评价体系，对教师和学生的跨学科协作能力和教学成果进行评估。评价结果可以用于指导学校的教学改革和课程设置，同时也可以激发教师和学生的学习热情，促进多学科协作的深入开展。

七、高校思想政治教育动力机制路径完善策略

高校思想政治教育动力机制的培育和激发关系到高校思想政治教育的前途和命运，要站在实现宏伟蓝图的战略高度来审视高校思想政治教育动力机制的培育和激发的社会系统工程，有效地发挥高校思想政治教育对社会发展和个人成长的推动作用，实现高校思想政治教育的价值。因而，完善其策略可归纳为：

（一）理念路径的完善策略

1. 强化动力观念和意识

高校思想政治教育动力的形成离不开动力观念和意识的树立。因此，需要加强师生对于高校思想政治教育动力的认识和理解，树立正确的动力观念和意识。此外，还需要加强高校思想政治教育工作的宣传，提高广大师生的思想政治教育意识。

2. 加强动力机制的建设

高校思想政治教育动力机制需要建立完善的机制保障，包括人才培养机制、师资队伍建设机制、课程建设机制、考核评估机制等。需要加强制度建设，建立科学的机制保障，实现高校思想政治教育动力机制的规范化、科学化和可持续发展。

3. 创新思想政治教育方式方法

高校思想政治教育动力机制的形成需要不断创新教育方式方法，推动教育工作从被动满足需求到主动引领需求转化，让教育工作更加贴近学生需求，增强学生的主体性和创造性，培养具有创新精神和实践能力的人才。

4. 推动动力机制的融合发展

高校思想政治教育动力机制需要与现代信息技术、人工智能、大数据等新兴技术融合发展，充分发挥现代科技的优势，实现思想政治教育与现代科技的深度融合，提高教育教学效果。

5. 加强国际合作交流

高校思想政治教育动力机制需要与国际先进经验进行交流学习，借鉴国际先进经验，

加强国际合作，推动高校思想政治教育动力机制的国际化发展。

（二）制度路径的完善策略

1. 建立科学合理的评价体系

高校思想政治教育动力机制的评价体系应科学合理、全面客观，能够准确反映教育动力机制的形成和运行情况。评价指标应既考虑到学生的思想品德发展情况，也要关注教师的教学水平和教育教学研究成果，以及学校的教育发展情况等因素。

2. 优化高校思想政治教育组织结构

要建立合理的高校思想政治教育组织结构，完善教育教学管理体系，加强思想政治教育工作的领导和指导力度，营造积极的教育氛围。同时，要重视教育教学人员的培训和管理，加强教师队伍建设，提高教师的思想政治素质和教育教学水平。

3. 加强与社会的联系和互动

高校思想政治教育应与社会的发展和需要相结合，引导学生认识到自身责任和使命，促进学生的社会责任感和公民意识。同时，要充分发挥社会资源的作用，引入社会力量参与到高校思想政治教育中来，推动高校思想政治教育与社会实践的深度融合。

4. 完善高校思想政治教育法律制度体系

高校思想政治教育的法律制度体系应完善，规范高校思想政治教育的内容、方式、方法和标准。同时，要强化高校思想政治教育的监督和管理，落实高校思想政治教育的责任制，加强对教育教学过程的监控和评估，确保高校思想政治教育工作的有效实施和管理。

（三）创新路径的完善策略

1. 提高思政课教育质量，加强思政教育教师队伍建设

高校思想政治教育动力机制的核心是思政课，因此要提高思政课教育质量，加强教师队伍建设。这需要采取多种措施，如建立优秀教师的评选机制，组织各类教育培训和研讨活动，以及加强对教师的激励和管理。

2. 创新思政课程内容，注重引领学生的自我成长

高校思想政治教育动力机制的发展需要创新思政课程内容，注重引领学生的自我成长。这需要对思政课程的教学方法、教学内容进行全面的改革和创新，引导学生通过实践感受社会风貌，了解社会热点，提高综合素质和创新能力。

3. 推进校园文化建设，打造具有高校特色的文化氛围

高校思想政治教育动力机制需要建立在校园文化建设的基础之上，创造具有高校特色的文化氛围。这需要高校全体师生共同努力，积极开展校园文化活动，打造独具特色的文

化品牌，以此激发师生的学习热情和思想动力。

4. 加强高校思想政治教育动力机制建设的制度保障

高校思想政治教育动力机制需要有科学、规范的制度保障，确保其能够持续稳定地发展。这需要建立完善的高校思想政治教育工作机制，明确职责、分工和工作流程，加强对思政工作的监督和管理，同时加大对思政工作的投入和支持力度。

5. 引导学生积极参与社会实践活动，提高社会责任感

高校思想政治教育动力机制需要引导学生积极参与社会实践活动，提高他们的社会责任感。这需要高校建立完善的社会实践体系，鼓励学生参与各种社会实践活动，并在实践中提高他们的思想政治素养。高校应该积极与社会各界合作，为学生提供广泛的社会实践机会，让他们深入了解社会，接触社会问题，增强社会责任感和社会意识，培养他们的社会实践能力。同时，高校还应该加强对学生的引导和指导，帮助他们将社会实践所得与思想政治教育相结合，提高其综合素质和思想品德。

第二节　监督机制

各门专业课程都蕴含着一定的价值观资源，都有鲜明的价值取向，需要强化主体的思想政治教育能力，需要教师引导学生去发现和认识。强化"课程思政"的育人价值，凸显社会主义价值观的引领作用，要引导学生从"知识层面"走向"价值层面"。科学监督各门专业课程中的"思政元素"融入情况，使得专业课程、通识课程的价值资源被充分挖掘出来，才能让思想政治教育理念在各学科中"发声"。

一、高校课程思政巡察与监督工作的重要性

高校课程思政巡察与监督工作是保证高校课程思政工作顺利开展、实现高校人才培养目标的重要保障。在高校课程思政工作中，巡察与监督工作能够及时发现和解决存在的问题，促进课程思政工作的不断优化和提升，确保高校人才培养质量的不断提高。

首先，高校课程思政巡察与监督工作可以帮助高校发现存在的问题。高校课程思政工作需要在各个环节中落实，因此可能存在着一些问题，例如课程思政内容不够丰富、学生参与度不高等等。通过巡察与监督工作，可以发现这些问题并及时解决，确保课程思政工作能够顺利进行。

其次，高校课程思政巡察与监督工作可以促进课程思政工作的不断优化和提升。通过巡察与监督工作，可以发现存在的问题和不足之处，从而进一步优化和改进课程思政工作，提高其质量和水平。

最后，高校课程思政巡察与监督工作能够确保高校人才培养质量的不断提高。高校的

人才培养工作需要课程思政工作的支持，只有课程思政工作得到保障，高校的人才培养工作才能有保障。通过巡察与监督工作，可以确保高校课程思政工作的有效开展，进而促进高校人才培养质量的不断提高。

二、高校课程思政巡察与监督工作的现状

高校课程思政巡察与监督工作是确保"课程思政"有效实施的重要保障措施。目前，许多高校已经开始开展课程思政巡察与监督工作，但在实践中还存在一些问题。

一方面，巡察与监督工作的力度不够。巡察和监督工作是高校落实课程思政工作的关键环节。然而，由于缺乏有效的监督机制和相关法规制度，导致在实际工作中往往存在着盲目性和不规范性，巡察和监督工作的效果并不理想。同时，对于一些违反课程思政工作要求的行为，高校管理部门往往缺乏及时处置和追究责任的措施，这也加剧了巡察和监督工作的难度。

另一方面，巡察与监督工作的机制还不够完善。目前，一些高校在巡察与监督工作中还存在一些缺陷，如巡察对象不明确、巡察标准不明确、巡察结果处理不力等问题。这些问题导致巡察与监督工作效果不尽如人意，无法真正发挥监督和约束的作用。

最后，巡察与监督工作的意义和价值还需要被更广泛地认识。一些高校对于巡察与监督工作的认识还不够深刻，甚至存在一些误解，认为巡察与监督工作是对学校工作的不信任和质疑，这也导致了巡察与监督工作的难以推广。

三、高校课程思政巡察与监督工作的研究目标与路径

（一）研究目标

1. 发现存在的问题

通过对高校思政教育工作的巡察和监督，可以及时发现存在的问题和不足之处。高校思政教育工作的巡察和监督，可以对高校思政教育工作的实施情况、教学计划、教学内容、教学质量等方面进行全面监测，及时发现和纠正问题。发现存在的问题是巡察与监督工作的基本研究目标，只有发现问题，才能针对问题采取相应的措施进行纠正和改进。

2. 提高教育质量

高校课程思政巡察与监督工作的研究目标之一是提高教育质量。高校在开展课程思政建设的同时，还要不断提高教育教学质量，为学生提供更好的教育资源和学习环境。通过对高校的思政教育工作进行巡察和监督，可以发现教育教学工作中的不足之处，提出合理化建议，有针对性地推进高校的教育教学工作，提高教育质量，助力高校的教育教学事业的发展。

3. 落实立德树人的目标

高校课程思政巡察与监督工作的研究目标之一是落实立德树人的目标。立德树人是高校教育工作的重要任务，也是高校的办学宗旨之一。高校巡察和监督工作可以帮助高校了解学生的学习状态、人生规划和发展方向，帮助学生树立正确的人生观、价

（二）研究路径

1. 政策路径

高校课程思政巡察与监督工作是贯彻落实《关于深化高等教育教育改革全面推进素质教育的意见》等文件要求的重要举措。《意见》明确要求高等教育要深化课程思政建设，全面推进素质教育，实现全员育人、全过程育人、全方位育人。《意见》的出台为高校课程思政巡察与监督工作提供了政策支持和法律依据。高校可以结合自身实际情况，制定相应的工作方案和实施细则，建立健全巡察和监督工作机制，不断提高思想政治教育工作的质量和水平。

2. 方法路径

高校课程思政巡察与监督工作是一项重要的工作，需要采用一些科学的方法来实现其研究目标。主要包括以下几种方法：

（1）问卷调查法

问卷调查法是一种常用的调查方法，可以帮助高校了解学生、教师、管理人员对课程思政的认知、评价和意见。通过问卷调查可以收集到大量的数据，并进行统计和分析，以便更好地评估课程思政的实施效果和存在问题。

（2）访谈法

访谈法是一种常用的调查方法，可以深入了解受访者对于课程思政的认知和看法。高校可以采用访谈法对学生、教师、管理人员进行深入的访谈，了解他们对课程思政的认知和看法，以便更好地评估课程思政的实施效果和存在问题。

（3）案例分析法

案例分析法是一种常用的研究方法，可以帮助高校发现课程思政巡察与监督工作中存在的问题，并为改进和完善提供实践参考。通过案例分析，可以深入了解具体案例中存在的问题和原因，找出问题的根源，并探究可行的解决方案。在高校课程思政巡察与监督工作中，可以采用案例分析法，分析巡察中发现的具体案例，以此作为改进和完善工作的参考。

例如，某高校进行课程思政巡察时发现，在某一专业的某一门课程中，存在教师在课程内容中夹带个人政治观点的情况，严重影响了学生的客观认识和思想品质的培养。通过案例分析法，可以探究教师为何要夹带个人政治观点，教师是否意识到这种行为的危害性，以及如何更好地引导教师规范教学行为和课程思政工作。在此基础上，可以探索如何

完善课程思政巡察与监督工作，落实好巡察和监督的工作职责和责任。

案例分析法还可以通过多样化的案例分析来扩大研究视野和深度，探索课程思政巡察与监督工作的多方面问题和解决方案。例如，可以结合不同学科、不同专业的课程思政巡察案例，比较差异和共性，探讨课程思政巡察与监督工作在不同领域的适用性和有效性。此外，还可以采用跨校比较的方法，将多个高校的课程思政巡察与监督工作进行比较和分析，从中探究优劣之处，为高校改进和完善工作提供参考和借鉴。

3. 工具和机制

高校课程思政巡察与监督工作要想实现有效运行，需要建立相应的工具和机制。

一方面，需要建立相应的巡察和监督工作机制。这个机制包括巡察和监督的频率、程序、内容、标准、责任、反馈等方面的规定。在机制的建立过程中，需要充分考虑高校的实际情况和特点，注重顶层设计和统筹规划，同时充分考虑不同学科、不同层次、不同类型的巡察和监督方式，确保巡察和监督工作的全面、有针对性和科学性。

另一方面，需要建立相应的信息化工具。信息化工具的建立包括巡察和监督工作的信息管理系统、信息化工具的开发、使用和维护等方面。在信息化工具的建立过程中，需要充分考虑信息化技术的先进性和可操作性，同时注重信息的可靠性和保密性。

此外，为了建立高效的巡察和监督机制，还需要建立相应的评价机制和激励机制。评价机制可以对巡察和监督工作进行定期评估和检查，发现问题和改进不足之处，激励机制可以通过各种形式的奖励和荣誉表彰，鼓励巡察和监督人员积极参与工作，提高工作效率和质量。

四、高校课程思政巡察与监督工作的主要研究内容

（一）巡察与监督工作的理论基础

1. 思想政治教育理论

思想政治教育是高校课程思政巡察与监督工作的核心内容，其目的是培养具有社会责任感、创新精神和实践能力的高素质人才。高校课程思政巡察与监督工作需要依据思想政治教育理论制定巡察标准、确定监督重点，并对巡察结果进行分析和总结，以不断完善课程思政工作。

2. 教育评价理论

高校课程思政巡察与监督工作需要对教育过程中的各个环节进行评价，以实现对课程思政工作的有效监督和管理。教育评价理论可以为巡察与监督工作提供方法和工具，如制定评价指标体系、建立评价模型、开展教育评价研究等。

3. 制度设计理论

高校课程思政巡察与监督工作需要制定相应的巡察与监督制度，确保工作的规范、科

学和有效性。制度设计理论可以为巡察与监督工作提供指导思想和经验，如制定巡察计划、明确巡察程序、规定巡察标准等。

4. 信息技术理论

高校课程思政巡察与监督工作需要利用信息技术手段，如信息系统、大数据分析等，实现巡察与监督工作的全面覆盖和信息共享。信息技术理论可以为巡察与监督工作提供技术支持和保障，如建立信息平台、开展数据分析、实现信息共享等。

（二）巡察与监督工作的实践状况

首先，一些高校存在着对巡察与监督工作的认识不够深入、重视不够的情况。由于缺乏足够的认识，很多高校并没有将巡察与监督工作纳入到日常的思政工作中，导致巡察与监督工作的开展不够全面、深入。其次，一些高校存在着对巡察与监督工作的方法和手段不够灵活、多样化的问题。由于缺乏方法和手段的创新，巡察与监督工作的效果有限，无法满足高校思政教育的需求。最后，一些高校在巡察与监督工作的开展中存在着人力、物力等方面的不足。由于资源的匮乏，巡察与监督工作难以得到有效的开展和推广。

（三）巡察与监督工作的策略与措施

1. 建立健全巡察与监督机制

高校需要建立健全巡察与监督机制，包括巡察与监督工作的组织架构、人员配置、工作流程等，确保巡察与监督工作有序开展。

2. 加强巡察与监督工作的宣传教育

高校应当加强对巡察与监督工作的宣传教育，让师生深入了解巡察与监督工作的意义和重要性，增强师生对巡察与监督工作的支持和理解。

3. 强化巡察与监督工作的实效性

巡察与监督工作必须具有实效性，应当设定明确的工作目标和标准，严格按照程序和标准进行巡察与监督工作，确保巡察与监督工作的实效性。

4. 健全巡察与监督工作的评估机制

高校应当建立健全巡察与监督工作的评估机制，对巡察与监督工作的效果进行评估，及时发现问题并采取措施加以解决。

5. 加强巡察与监督工作的专业化水平

高校应当加强对巡察与监督工作人员的培训和考核，提高他们的专业化水平，确保巡察与监督工作的准确性和权威性。

6. 创新巡察与监督工作方式方法

高校应当不断创新巡察与监督工作的方式方法，利用信息化技术等现代科技手段，提高巡察与监督工作的效率和准确性，使巡察与监督工作更加科学化、规范化、智能化。

（四）巡察与监督工作的评价体系

1. 监督检查结果评价

对巡察与监督工作的实施效果进行评价，评估高校在课程思政教育方面的整体表现，包括政治素质、思想道德品质、知识水平等方面。

2. 工作流程评价

评估巡察与监督工作的实施流程和工作方式是否合理、有效，是否满足实际需要，是否有针对性和操作性。

3. 工作质量评价

对巡察与监督工作的执行质量进行评价，包括工作成果的实用性、可操作性、客观性、科学性等方面。

4. 工作成果评价

评估巡察与监督工作对高校课程思政教育的促进作用，包括对学生思想政治素质的提高、教师的教育教学能力的提高等方面。

评价体系应综合考虑多个方面的因素，并根据实际情况进行不断的完善和调整，以确保评价结果的客观、全面和科学。同时，评价结果也应该及时反馈到巡察与监督工作中，为今后的工作提供指导和参考。

五、高校课程思政监督机制的实施

（一）资源整合，监控教学运行管理质量

通过资源的整合可以优化教学流程，提高教学效率和质量。高校可以整合师资、教材、课程、设备等教学资源，将其合理利用，提高教学质量和效果。同时，通过对教学运行过程的监控，及时发现和解决问题，进一步提高教学管理水平。

在资源整合方面，高校可以加强不同学科之间的协同合作，通过交流经验、共享资源、开展合作研究等方式，促进教学资源的共享和优化，提高教学质量。同时，高校可以加强与企业、社会组织等外部资源的合作，通过联合办学、校企合作等方式，为学生提供更加实用的教学资源，促进人才培养与社会需求的对接。

在监控教学运行管理质量方面，高校可以通过建立评估体系，对教学过程进行全面、客观、科学的评估和监控，及时发现问题和不足，并制定相应的改进措施。评估体系可以

包括教学质量评估、学生评教、教师评价、校外评价等，以多元化的方式对教学进行全面的监控和评估。

（二）协同合作，融合课程特色优势

协同合作是指不同学科、专业之间在课程设计、教学实施、教学评价等方面相互合作，融合各自的特色和优势，形成更为完整、综合的课程体系，提高课程的质量和教学效果。在高校课程思政中，协同合作的作用尤为重要。

一方面，协同合作可以促进不同学科之间的相互提升和发展，将专业知识和思想政治教育相互融合，提高学生综合素质和思想政治素质。例如，在一门商科课程中，融入法律和道德等思想政治教育元素，帮助学生了解商业活动的合法性和道德价值，提高学生的法律意识和社会责任感。

另一方面，协同合作可以优化课程结构，实现教学资源的整合和共享。例如，将多个学科的课程资源整合起来，设计出一门综合性的课程，可以避免重复教学，减轻教师的教学负担，提高教学效率。

为了实现协同合作的目标，需要制定相应的策略和措施。首先，需要加强跨学科和跨专业的合作机制和平台的建设，鼓励教师进行交流和合作。其次，需要加强课程设计和教学实施的协同，建立完善的课程融合机制，确保不同学科和专业的课程融合具有相应的科学性和合理性。最后，需要建立有效的课程评价机制，对协同合作实施的效果进行评价和监测，不断完善协同合作的策略和措施。

（三）科学督导，强化主体的思想政治教育能力

科学督导的目的是通过监督、评估和反馈，提高教师和学生的教学水平和思想政治素质，推动高校思想政治教育的深入开展。

科学督导要注重科学性，建立科学的督导评估体系，对教师和学生进行全面、客观、公正的评估，以实现高校思想政治教育的科学发展。督导评估要注重对课堂教学、实践活动、思想政治教育等方面进行全面、细致的监督和评估，深入挖掘和发现课程思政的潜在问题和困难，为高校思想政治教育的改革和创新提供科学依据和指导。

科学督导要注重实效性，要制定明确的目标和计划，确保督导工作能够达到预期的效果。同时，要注重督导结果的反馈和落实，及时汇报督导结果，采取有效的措施解决发现的问题，保证高校思想政治教育的实效性。

科学督导要注重实践性，要加强教师和学生的思想政治教育能力，提高他们的思想政治素质。通过督导评估，可以发现教师和学生在思想政治教育方面的不足，进一步加强他们的思想政治教育能力，提高他们的思想政治素质。同时，也可以加强思想政治教育的实践性，将思想政治教育与实践活动紧密结合起来，提高学生的综合素质和实践能力。

第三节 评价保障反馈机制

科学性、专业性地对"课程思政"进行评价反馈，是"课程思政"管理链条的一个重要环节，也是深化建设的必然要求，这有利于激发教师立德树人的积极性和创造性，推进建设的规范化和制度化。

一、思想政治理论课实践教学的功能

第一，育人功能。通过实践活动，让学生将所学的理论知识与社会实践相结合，帮助他们树立正确的世界观、人生观、价值观，成为中国特色社会主义的建设者和接班人。在实践中，学生们能够接触到真实的社会，亲身感受到中国特色社会主义的成就和发展，从而激发他们的学习兴趣和对社会主义的信念。同时，实践教学还能够帮助学生解决政治方面的困惑，提高他们的思想政治素质，培养他们为社会主义现代化建设服务的意识。

在高校思想政治理论课实践教学中，各种形式的实践活动都具有重要意义。课堂内的讨论、演讲、案例分析、辩论等活动能够帮助学生加深对理论知识的理解，提高思考能力和表达能力；课堂外的专题讲座、论文撰写、知识竞赛、辩论赛等活动则能够帮助学生拓展知识面，增强综合素质；校外的参观、考察、社会调查、志愿者服务、义务劳动等活动则能够让学生更好地了解社会，增强社会责任感和社会参与意识。

第二，认知功能。思想政治理论课实践教学的认知功能是指在实践教学活动中，让大学生通过参与实践，理解书本知识，在思考、分析、解决问题中提升自己的认知水平，从而加深对社会主义现代化建设和中华民族伟大复兴的理解和认识。首先，实践教学活动可以帮助大学生将抽象的理论知识转化为具体的实践经验。实践是检验真理的唯一标准，只有在实践中，学生才能深刻领悟到理论知识的真谛，从而更好地掌握和应用这些知识。其次，实践教学活动可以帮助大学生提高问题解决能力。在实践中，大学生不仅能够发现问题，而且需要思考如何解决问题，这不仅考验了学生的思维能力，还能够让学生从实践中学会如何分析、解决问题，提高他们的问题解决能力。再次，实践教学活动可以帮助大学生树立正确的世界观、人生观和价值观。在实践中，学生将会接触到各种社会问题，了解社会的复杂性，从而形成更为深刻的社会认知。在社会实践中，学生将会接触到各种不同的思想观点和价值观，学会区分是非，明辨是非，从而树立正确的世界观、人生观和价值观。

第三，优化功能。优化功能是指通过实践教学，优化思想政治理论课程的功能，使其更贴近实际、更具针对性和实践指导性。在实践中，学生可以将课堂所学的理论知识应用到实践中，反过来，将实践中遇到的问题反馈到课堂上，促使教师根据实际情况进行调整和优化。同时，实践教学的多种形式和方法可以调动学生的学习积极性和主动性，增强课程的说服力和吸引力。通过实践教学，教师可以了解相关政治理论教学的实用性和现实指导性，检查教学体系的科学性、可行性和有效性，进而调整和优化整个思想政治理论课的教学体系，使其更符合学生的实际需求。这种优化功能不仅可以提高思想政治理论课的教学质量，还能增强教学的实践性和现实指导性，为学生的综合素质和职业能力培养打下坚实的基础。

第四，提升功能。实践教学活动的开展，可以提升教师和学生的综合素质。对于教师来说，参与实践教学活动可以增强他们的实践经验和理论水平，提高他们的教学能力，更好地引导学生理论与实践相结合。对于学生来说，实践教学可以培养他们的实践能力、创新意识和团队协作精神。在实践活动中，学生可以结合实际问题，发挥自己的主观能动性，提高解决问题的能力和方法。同时，实践教学也可以帮助学生认识社会、了解社会，增强社会责任感和社会参与意识，促进大学生的全面发展。在思想政治理论课教学中，实践教学也可以使学生更加深入地理解和领会政治理论知识，树立正确的世界观、人生观、价值观，提高他们的思想道德素质和政治素养。因此，思想政治理论课应该更加注重实践教学的开展，提升教师和学生的综合素质，促进教育教学质量的提高。

二、制定有效的评价标准和方法

（一）构建科学的课堂教学评估管理制度

为了构建科学的教学评估管理制度，可以从教学质量、学生培养质量、教师能力水平这三方面进行评价。在评估内容方面，除了关注学生的知识储备，还应更多地关注学生的思想道德和精神层面的发展。评估方式方面，可以定期进行教学大纲、教学进度表、备课教案等抽查检查工作，以掌握教师对于"课程思政"课程的管理总体计划、教学组织和运行安排。同时，应同时对授课教师和参与学生进行评价，以评估思想政治元素在专业课程、通识课程中的渗透，准确掌握教师的政治立场、关注教师自身思想政治素养和确定职业道德水平，以评价教师是否做到了知行合一。为了更好地实现"立德树人"的目标，可以制定适合"课程思政"育人标准与规范的评价体系，建立动态化的评价方法，建立课堂教学效果师生双向打分机制，除了考虑课堂教学满意度之外，还要增加对课程育人效果的评价比重。评估学生对教师在专业课程、通识课程的教学内容中穿插核心价值观教育的认可度，以及学习过程中知识内化和价值认同的满意度。通过这些措施，可以提高教学质量和学生的培养质量，同时促进教师的专业能力提升。

（二）综合教学质量总体评价

综合教学质量总体评价由多个指标构成，如教师的教学能力、课程的知识储备、教学方法的适应性、学生的学习兴趣和反馈等。这些指标应该是科学的、可操作的、量化的，以便更好地衡量教学质量。同时，这种评价体系还应该能够反映出"课程思政"教学的特殊性，即如何在传授知识的同时，加强学生的思想道德和精神层面的培养。因此，评价体系应该包括对学生思想品德和社会责任感等方面的评估，以及教师是否能够成功地传达思想政治理论知识，引导学生形成正确的世界观、人生观、价值观等方面的评估。最后，这种评价体系还应该能够为教师提供改进教学的具体建议，帮助他们更好地开展"课程思政"教学。

三、服务于教学质量评价价值的实现

（一）反馈环节是教学质量评价价值实现的桥梁

高校"课程思政"教学质量评价是一个具有一定价值诉求的活动，信息反馈则是教学质量评价与学生发展之间的桥梁。评价内容带有一定的价值诉求和导向，评价与反馈之间的信息传递代表着对高校人才培养目标的预期行为。信息反馈环节的意义在于查找问题、改进工作。在实施"课程思政"系统的过程中，应结合反馈信息的实际情况和课程教育的具体目标，关注学生需求，将反馈得到的批评和鼓励变成动力，明确课程改进方向并采取相应措施。教师可以对课程体系和教学活动作出调整，使课堂授课与学术研究相得益彰，有效地推动"课程思政"的育人格局的构建。

（二）反馈环节是教学质量评价行为向评价价值转换的助推器

在高校"课程思政"教学中，反馈环节更是具有重要的价值诉求，它不仅仅是对教学质量评价的一种形式，更是对于高校人才培养目标的预期行为的反映。

首先，反馈环节能够查找问题、改进工作，为教学质量的提升提供了直接的信息来源。通过对教学质量进行评价，可以深入了解教学中存在的问题和不足，发现教师在教学中的不足之处以及学生对课程的不满意之处。这些信息的反馈和整合，有利于教师及时调整教学策略和方法，不断优化课程内容，提高课堂教学效果，使学生更好地掌握相关知识和技能。

其次，反馈环节能够将评价结果转化为教学实践的动力，成为改进教学的有效推动力。教师可以结合反馈信息的实际情况和课程教育的具体目标，明确课程改进方向，进而采取相应措施。通过反馈环节，教师可以将得到的批评和鼓励变成动力，不断创新教学方法，提高课程的针对性和实效性，使学生在学习中获得更好的体验和效果。

最后，反馈环节是促进教学质量评价与学生发展之间的桥梁，体现了教学质量评价的价值诉求。高校"课程思政"教学质量评价内容带有一定的价值导向和价值诉求，反馈环节则是对于高校人才培养目标的预期行为的反映。通过反馈环节，可以了解学生对课程内容、教学方式等方面的评价，促进课程思政元素在专业课程、通识课程中的渗透，准确掌握教师的政治立场、关注教师自身思想政治素养和确定职业道德水平，以评价教师是否做到了知行合一。

四、思想政治理论课实践教学存在的问题

当前，高校在落实实践教学中，主要存在以下几个方面的问题：

（一）实践教学计划落实不到位

1. 缺乏明确的计划和目标

实践教学计划需要明确具体的目标和任务，以及相应的时间和资源安排，但如果计划制定不够明确或者目标不够具体，就很难有效地组织和落实实践活动。

2. 缺乏有效的组织和协调

实践教学涉及多个环节和多方面的资源协调，需要有专门的组织者和协调者进行统筹安排。如果缺乏这方面的管理和协调，就容易出现实践教学计划落实不到位的问题。

3. 缺乏足够的预算和资源

实践教学需要投入大量的人力、物力和财力，如果缺乏足够的预算和资源支持，就很难保证实践教学计划的顺利进行。

4. 学生参与意愿不足

实践教学需要学生积极参与，但如果学生对实践教学缺乏兴趣或者意愿不够强烈，就很难落实实践教学计划。

5. 缺乏有效的评估和反馈机制

实践教学计划需要不断评估和反馈，以便及时发现问题并进行改进。如果缺乏这方面的机制，就容易出现实践教学计划落实不到位的情况。

（二）实践教学组织管理缺失

一方面，实践教学需要有专人负责统筹安排和组织实践教学活动，但如果缺乏专人进行统筹和组织，则难以保证实践教学活动的有序开展。例如，缺乏专人负责策划实践教学计划、联系实践教学单位、安排实践教学场地和设备等工作，就容易导致实践教学计划的落实不到位。

另一方面，实践教学还需要有科学的管理机制来确保教学活动的质量和效果。如果管理机制不健全，则难以发现问题并及时解决。例如，缺乏有效的考核和评估机制，无法对

学生的实践能力进行科学评估和反馈，也无法及时发现教学中存在的问题和不足，进而改进教学方法和提高教学效果。

因此，实践教学组织管理缺失是导致实践教学计划落实不到位的重要原因之一。为了改善这一情况，学校需要制定科学的实践教学组织管理制度，落实专人负责实践教学计划的策划和组织，并建立科学的考核和评估机制，确保实践教学活动的质量和效果。

（三）实践教学主体受育面窄

实践教学主体受育面窄通常是指实践教学只针对特定专业的学生，缺乏跨专业、跨学科的交流和学习机会，导致学生的视野和知识储备较为狭窄。实践教学的目的之一是培养学生跨学科、综合性的能力和素养，让学生了解不同领域的知识和技能，并在实践中进行探索和创新。但是，如果实践教学主体受育面窄，只有特定专业的学生能够参与实践教学，那么就会限制学生的学习和发展。

（四）教师缺乏实践经验

实践教学是一项需要丰富实践经验的活动，而许多教师缺乏实践经验，难以为学生提供具有实际参考价值的指导。缺乏实践经验的教师往往难以发现实践教学活动中存在的问题，也难以有效引导学生实践，从而影响了实践教学活动的效果。此外，缺乏实践经验的教师也难以为学生提供多元化的实践教学活动内容和形式，导致学生的实践经验受到限制。因此，教师应积极参与实践活动，不断积累实践经验，并且在教学中将实践经验融入到课堂教学中，为学生提供更为丰富和有价值的实践教学指导。学校也可以通过加强教师实践教学培训，鼓励教师积极参加实践活动等方式来解决教师缺乏实践经验的问题。

（五）落到实处的实践教学形式少

在高校中，由于一些历史原因和体制机制的限制，很多教师和学生对于实践教学的认识还停留在表面，缺乏对于实践教学的深入理解和探索，因此在实践教学的具体形式和实施过程上也存在很多问题。具体来说，落到实处的实践教学形式较少的原因可能包括以下几个方面：

1. 教师对于实践教学的理解不够深刻

一些教师对于实践教学的认识停留在传统的实习、实训等形式，对于更加创新、多样化的实践教学形式缺乏深入的了解和研究。

2. 实践教学的组织难度较大

实践教学需要组织师生到现场进行调研、实践等活动，需要考虑到场地、经费、交通等方面的问题，组织难度相对较大。

3. 学生的素质和意识存在不足

一些学生对于实践教学的意识和参与度不高，可能缺乏主动性和创新意识，需要引导和培养。

4. 评价体系不够完善

实践教学的评价体系相对于课堂教学来说还不够完善，缺乏有效的评价指标和方法，对于实践教学的质量评价存在一定难度。

（六）实践教学基地数量不足

一些高校由于历史原因或者经费限制，无法建设符合实践教学要求的实践基地。此外，一些高校在建设实践基地时，缺乏规划和维护管理，导致实践基地设施不完备，环境不佳，无法为学生提供良好的实践条件。此外，实践基地的地理位置也会影响到实践教学的开展，如果基地离校区较远，学生前往实践基地的成本和时间成本也会增加，这对于学生的学习积极性和实践能力的提高都有影响。因此，加强实践基地的建设和管理，提高实践基地的质量和数量，对于实践教学的落实和提高教学质量具有重要意义。

（七）实践教学经费投入不足

实践教学活动需要大量的物质和经费支持，如场地租赁、设备购置、交通费用、人员费用等，但现实中经费投入不足，导致实践教学活动无法有效地开展。有些学校甚至在实践教学活动中采用"自带经费、自带材料"的方式，由学生或教师自行承担一部分费用和材料，这样不仅给学生造成了经济负担，也难以保证实践教学的质量和规范性。此外，一些学校缺乏对实践教学活动的投入和管理，导致教学设备、场地等基础设施不能得到有效保障，难以保证实践教学的质量和效果。因此，加大实践教学经费投入是保证实践教学活动正常、有效开展的重要保障，也是提高学生实践能力和创新能力的必要条件。

五、思想政治理论课实践教学的保障机制

在思想政治理论课教学改革过程中，加强实践教学，创新实践教学模式，关键是要建立一套完整的各方通力合作、密切配合的保障机制，以确保实践教学活动的实施。

（一）更新教学观念是思想政治理论课实践教学取得成效的先导

随着社会的不断发展和教育理念的不断更新，教学观念也在不断变革。实践教学是现代教育中不可或缺的一部分，必须要适应时代的需求，不断推陈出新，注重教学方法的改进和优化，才能更好地发挥实践教学的作用，为学生提供更为全面、深入、有效的学习体验。

一方面，教师需要更新教学理念，更加注重以学生为中心的教学方法，注重培养学生的创新能力和实践能力，注重教学过程的个性化和差异化，使得实践教学更加符合学生的需求和发展。

另一方面，教师还应该掌握和应用新的教育技术和教学方法，如在线教育、虚拟实验室、多媒体教学等，以提高教学效率和教学质量。

同时，学校应该注重实践教学的落地，为实践教学提供更多的支持和资源，如建设更多的实践教学基地，提供更多的实践教学经费和设备，制定更为完善的实践教学计划和管理制度等。

（二）措施得力是思想政治理论课实践教学取得成效的关键

思想政治理论课的实践教学需要整个高校系统的支持和重视，它是一项综合性的、复杂的工程，不可能由单个学院或课程来完成。因此，高校各级领导应该高度重视这项工作，并将其作为学校的一项重要工作来抓。在具体实施中，高校应该将思想政治理论课的实践教学作为重要课程内容来建设，保证经费投入和财力支持，为实践教学提供必要的物质保障。此外，高校还应制定和完善思想政治理论课实践教学管理的规章制度，将思想政治理论课的实践教学列入学校正式教学计划，对列入实践教学大纲的实践教学活动，按正常上课计算教师的教学工作量，以便确保实践教学的顺利开展和课程教学质量的提高。

对在思想政治理论课实践教学活动中作出突出成绩的课程和教师应该给予精神鼓励和物质奖励，以调动教师从事实践教学活动的积极性和主动性。此外，应该建立相关评价机制，定期对实践教学活动进行评估和反馈，及时发现和解决问题。最后，高校应该积极引导和培养教师的实践教学意识，加强师资队伍建设，提高教师的实践经验和实践能力，为思想政治理论课实践教学的顺利开展提供人才支持和保障。

（三）职能部门密切配合是思想政治理论课实践教学取得成效的重要环节

思想政治理论课实践教学要取得实效，需要各部门密切协作、齐抓共管。除了负责思政课教学的部门和课程组外，学校各职能部门也应参与其中，并提供支持和帮助。教务部门需要根据实践教学目标、教学要求、学时分配、教学内容和方法等，进行统一规划和严格管理。学生处和团委应利用寒暑假等学生社会实践活动，与思政课教学单位相配合，围绕思政课内容和社会热点问题，拟定调研题目和大纲，使学生的社会实践活动与思政课所学内容相互融合。同时，教师需要加强实践教学经验的积累和实践教学方法的研究，制定科学的实践教学方案，为学生提供优质的实践教学体验。此外，学校还应建立完善的实践教学基地，提高经费投入和财力支持，为实践教学提供必要的物质保障，确保实践教学的顺利开展。只有各个部门共同合作，才能够为思政课实践教学的落实打下坚实的基础，实现教学目标。

（四）实践教学的投入是思想政治理论课实践教学取得成效的基本保证

为了确保思想政治理论课实践教学的顺利实施，需要充分的经费支持。教学过程中所使用的音像资料、图书资料、信息资料等实效性强且使用周期短的材料需要及时更新补充。此外，参观考察等社会实践活动也需要足够的经费支持。为解决这些经费问题，学校应该拨出一定的经费，专门用于思想政治理论课的实践教学活动。思想政治理论课教学单位需要与校团委、学生处及各院系密切合作，组织学生参加各种社会公益活动，并结合寒暑假学生社会实践活动，组织学生结合思想政治理论课实践课内容进行社会调查，以此来保证实践教学的落实。

（五）任课教师认真负责是思想政治理论课实践教学取得成效的重要基础

思想政治理论课实践教学中，教师的作用不可忽视。教师需要具备扎实的学科知识和丰富的实践经验，能够指导学生在实践中掌握相关知识和技能，提高学生的实践能力和创新能力。在实践教学中，教师应该注重与学生的互动和交流，及时了解学生的实践情况和问题，积极解答学生的疑问，鼓励学生思考和探索，引导学生主动参与实践活动，实现教学目标。

此外，教师还要注意在实践教学中发挥自己的特长和优势，积极探索新的教学方法和手段，引导学生走出教室，到实践场所进行学习和实践，让学生亲身体验和感受知识的应用和价值，激发学生学习的兴趣和热情。同时，教师还要关注学生的安全问题，制定科学的安全管理方案，确保学生的安全和健康，防止安全事故的发生。

（六）学生积极参与是思想政治理论课实践教学取得成效的根本所在

学生是思想政治理论课实践教学的受教育主体，激发他们的参与意识和积极性是实践教学的重要目标。为了达到这个目标，思想政治理论课应该根据各门课程的特点和学生的需求，选择适当的实践教学形式，通过多种实践教学活动来提高学生的思想素质、社会责任感和创新能力。

具体来说，思想政治理论课应该把校园文化活动、社团活动、勤工助学活动、校园绿化及环境保护等活动纳入到校内实践教学的教学计划中。同时，还应根据思想政治理论课的课程内容安排，有组织、有计划地引导学生走出校门，深入社会，进行参观调查、志愿服务、社区服务、公益劳动等社会实践教学活动。

通过这些实践教学活动，可以提高学生的实践能力和创新能力，增强他们的社会责任感和使命感，同时也能够增强思想政治理论课实践教学的吸引力和感染力。在这个过程中，教师可以通过指导、引导、激励学生，发挥自身的主导作用，确保实践教学活动的质量和效果。

第五章　高校课程思政实施的行动路径

在推进"课程思政"建设和改革的过程中，需要多方面的努力和积极探索。首先，需要在成功实践案例的基础上总结经验，借鉴好的经验做法。其次，需要深入研究教学现状，探索更加细化的实践教学方法，推进"课程思政"建设的实践效果。最后，要深入理解"课程思政"的丰富内涵，遵循习近平总书记关于高校思想政治工作的重要论述和学校思想政治理论课教师座谈会上的讲话精神，不断推进思想政治教育的改革创新。下面将深入挖掘可操作以追求高校的统筹谋划、教学载体的与时俱进、大环境政策制度的完善、教师育人意识的完整的"大工程观"、学生参与并发挥更多主观能动性等措施。

第一节　行政部门是课程思政的管理主体

"课程思政"的改革需要各高校管理部门共同协作，高校应当根据自身实际情况，积极听取同级及基层的意见，充分挖掘资源，以构建"大思政"的目标为基础，探索出可行的建设方案。同时，高校还需要加强对"课程思政"的认识，确立目标，提高育人意识，这些都是"课程思政"实施科学与否的关键所在。只有高校各管理部门协同配合，齐心协力推进"课程思政"的改革，才能有效地提升学生的思想政治素质和综合能力。

一、加强主体责任意识，落实"课程思政"定位

为增强高校思想政治教育的有效性，必须落实党委的领导核心作用。党委要以马克思主义为指导，整合学科资源和学术影响力，落实党对高校思想政治工作的领导权，确保"课程思政"全面推行。为此，高校党委要定位清晰、统筹规划，积极参与、领导思想政治工作，为"课程思政"提供坚实的政治保障。同时，高校要结合自身实际情况，加强对"课程思政"的认识，明确目标，提升育人意识，探索切实可行的建设方案，使其得到科学有效的实施。

为了实现"课程思政"的全面推行，高校各单位、各部门应密切配合，形成全方位行动的局面。党组织要发挥战斗堡垒作用，引领和推动"课程思政"建设，教师要以先锋模范的标准要求自己，积极参与"课程思政"实施，为学生提供优质的思想政治教育。同时，高校要进一步健全管理制度，明确各级党组织的职责和作用，形成有力的工作机制和保障体系。只有这样，才能形成全校各单位、各部门共同推动、全员参与、全面落实的格

局，形成教书育人的新机制和新局面，不断提高高校思想政治教育的实效性。

二、调整教学目标重心，提升"课程思政"地位

思想政治教育在现代高等教育中的地位和作用不可忽视，需要对教学目标的重心进行调整。在这个过程中，教师需要增强思想政治教育意识，以达到高效的教学效果。此外，高校需要加强教学管理，完善教学质量保障体系，并开设通识教育课程，以不断完善教育体系。

第一方面，为了实现"课程思政"的目标，教师需要树立以相同频率进行知识传授与价值引导的教学观念。教师需要通过多种方法，如理论研究、党性教育、社会研究等，提高自身的基本教学素质和思政教育理论水平。学校需要把思想政治教育工作贯穿于整个教学环境中，并建立定期有效的领导机制、管理机制、运行机制和评估机制。

第二方面，高校需要加强教学管理，完善教学质量保障体系。学校教务管理部门应当制定教学总体规划，出台"课程思政"教学改革建设规范和考核标准，并制定和执行听课管理规定。各学院应进行试点、示范、培养等课程建设，并学校人事部门应在人才引进、师资培训、职称评估等方面制定相应的激励机制，从而吸引更多优秀的教师加入思想政治教育工作。

第三方面，高校需要开设通识教育课程，并不断完善教育体系。通识教育课程可以在教授知识的同时，传输知识背后的思想、逻辑、精神、价值、艺术和哲学，从而有效地将正确的价值追求、理想和信念传递给学生。此外，高校需要探索建设方向，摸索适合发展的制度，以党政领导为班子，形成全体教师积极参与、全面推进"课程思政"的新机制和新局面。

三、开展示范课程项目申报，拓展"课程思政"发展思路

高校在推进"课程思政"建设方面，除了建立示范课程和专项资助等措施外，还需要在具体实施过程中贯彻落实以下方法：

第一，要做好教学设计方案，针对不同课程的特点，深入挖掘其中蕴含的思想政治教育元素，确定教学目标和教学内容，保证思想政治教育贯穿整个教学过程。

第二，要以"立德树人"为目标，修订新的教学大纲，将思想政治教育与专业教育和通识教育进行有机融合，使学生在学习专业知识的同时，更好地接受和理解社会主义核心价值观、中国优秀传统文化等内容，培养道德情操、人文素养等方面的综合素质。

第三，要根据新的教学大纲制作具有"课程思政"特点的新课件、新教案等配套教学资源，并建立教学评价体系，改革课程考核方式和方法，使学生通过课程学习不仅能够掌握专业知识，还能够增强思想政治素养，提升综合素质。

第四，要建立示范典型和推广机制，选树 1~2 门课程和一批教师作为示范典型，发挥示范带动作用，逐步全面推广。同时，要在推广过程中及时总结经验，加以改进，不断提高"课程思政"建设水平。

四、大力建设专业团队，扩大"课程思政"人才优势

高校中拥有多支多方向专业团队能够让学科发展更具深度和力量。因此，高校应根据各学科师资水平，大力进行专业队伍建设。首先，高校应在专业基础上，分批次进行"以点带线、以线带面"的多方面发展，建立"课程思政"体系内的专业导师团队。马克思主义学院思政课教师应成为课程共建人，以教学共建团队为基础，将教学运行机制做到专门化、制度化和常态化。可以开展思政讲堂、交流研讨、主题实践等活动，指导和帮助专业课、通识课教师深挖课程中蕴含的思想政治元素，形成具有特色且成熟的"课程思政"教学经验。优秀的案例应得到推广，最终形成完备的"课程思政"课程体系。

其次，课程团队应根据"课程思政"建设情况定期召开研讨会、交流会，共同分享"课程思政"建设经验，提高全校整体"课程思政"建设水平。学校机关和马克思主义学院应收集"课程思政"典型案例进行展览交流，出版"课程思政"教材或研究专著。各教学单位应开展"课程思政"集体备课和公开示范课，讨论"课程思政"的内容和方式，总结"课程思政"的成效和问题。各教学单位应定期开展教师参加的"课程思政"示范观摩听课活动等，重点将思想政治教育元素融入课堂教学。

第二节 教学过程是课程思政的实施载体

在新的教学形式中，多媒体教学、网络教学、MOOC 等方式都成为了传授知识和进行思想政治教育的重要手段。多媒体教学以其生动形象、直观易懂的特点，能够很好地传达课程中的思想政治内容，引导学生形成正确的价值观和世界观。网络教学可以突破地域和时间的限制，使得学生可以在任何时间、任何地点获取教学资源，同时也为教师提供了更加开放和多元的教学平台，更好地实现了思政教育的目标。MOOC 则可以让更多的人在世界范围内获取教育资源，这种方式可以很好地弘扬中国文化，提高国际知名度，同时也将中国的思想政治理念传递给全世界的学生。这些新的教学形式的出现，为"课程思政"提供了新的发展机遇和平台，教师应该在这些新的教学形式上进行尝试和实践，发挥其在思想政治教育中的独特作用。同时，在运用新的教学形式时，也要注意课程思政的特点和重点，将教学内容和教学形式相结合，发挥出更好的效果。

一、推动网络平台载体发展，实现"课程思政"现代化

（一）网络平台与"课程思政"现代化的关系

网络平台在现代教育中发挥着重要的作用，它为高校"课程思政"建设提供了全新的空间和可能性。网络平台的兴起，为高校"课程思政"现代化提供了新的机遇和挑战。通过网络平台，高校可以将"课程思政"资源进行数字化整合，实现资源的共享和交流，拓宽"课程思政"传播的渠道和方式，提高"课程思政"的现代化水平。

（二）网络平台在"课程思政"现代化中的应用

1. 课程资源建设

网络平台可以为高校"课程思政"建设提供充足的课程资源。通过建设开放式网络课程、网络学堂等形式的网络教育平台，高校可以将原本只限于教室内的"课程思政"教学资源转化为数字化资源，让学生和教师可以更方便地获取到资源。

2. 教学方式创新

网络平台可以促进"课程思政"教学方式的创新。通过网络平台，高校可以实现教学过程的数字化、在线化，使得"课程思政"教学变得更加灵活，使学生可以根据自己的兴趣和时间自主选择参加，更好地适应学生的需求。

3. 知识共享和交流

网络平台可以为高校"课程思政"建设提供广泛的知识共享和交流平台。通过建设教学博客、在线讨论等平台，高校可以让学生和教师在网络上进行知识分享、讨论、交流和互动，从而加强学术研究和实践探索。

4. 创新评价方式

网络平台可以创新"课程思政"教学评价方式。通过网络平台，高校可以对学生的学习情况进行实时监控和评估，同时也可以实现对学生的学习数据进行智能化分析和处理，从而更好地评价学生的学问答等功能，利用大数据分析技术对学生的学习状态进行分析和评估，为教师提供更加科学的教学评估依据，也为学生提供更加客观的学习反馈和建议。

此外，网络平台还可以结合学生的实际需求和个性特点，开发多元化的评价方式。例如，通过网络平台上的课程论坛、个性化学习计划、在线辅导等功能，提供更加个性化和灵活的评价方式，满足学生的学习需求，同时也可以更好地发挥学生的主体性和参与性，促进课程思政的现代化。

二、推动课程教材内容改革，实现"课程思政"专业化

（一）课程教材内容改革的必要性

1. 符合社会发展要求

当前，社会经济发展迅速，科技日新月异，高校育人工作需要不断适应时代的要求。而教材内容是高校育人的重要载体之一，只有不断更新和改革教材内容，才能适应社会发展的要求。

2. 加强学生思想政治教育

高校是培养未来人才的重要场所，而思想政治教育是高校育人的重要内容之一。课程教材内容改革可以通过课程设置和教材编写等方面来加强学生思想政治教育，从而更好地完成高校育人任务。

3. 提高学生学科素养

随着知识经济的发展，学科素养成为人才培养的重要目标之一。课程教材内容改革可以通过加强学科的实践性和应用性来提高学生学科素养，更好地适应未来社会的发展需要。

（二）实现"课程思政"专业化的重要性

1. 更好地满足高校育人目标

实现"课程思政"专业化可以更好地将思想政治教育融入到各个专业课程中，从而更好地实现高校育人目标。通过专业化的思想政治教育，可以培养具有社会责任感、创新精神和实践能力的高素质人才。

2. 提高思想政治教育的针对性

"课程思政"专业化可以使思想政治教育更加贴近学生的实际需求，提高思想政治教育的针对性。通过专业化的思想政治教育，可以更好地引导学生树立正确的人生观、价值观和世界观，培养学生的道德品质和社会责任感，从而更好地适应社会的发展和需要。为此，高校需要在课程教材内容改革中注重专业化，将思想政治教育与专业教育相结合，提高教育的针对性，实现更好的教育效果。

（1）高校可以通过对课程教材的改革来推动"课程思政"专业化

课程教材是学生获取知识的主要途径之一，课程教材内容的设计直接影响到学生的思想政治教育效果。高校可以针对不同专业和不同层次的学生，对课程教材进行精细化设计，将思想政治教育融入到专业课程中，使学生在专业学习中同时受到思想政治教育的熏陶。

（2）高校还可以通过加强教师队伍建设，推动"课程思政"专业化

教师是高校思想政治教育的主要承担者，他们的教学水平和思想政治素质直接影响到学生的思想政治教育效果。高校应该加强对教师的培训和管理，鼓励教师参与课程教材改革和专业教育研究，不断提高教学水平和思想政治素质，从而推动"课程思政"专业化的实现。

（3）高校还应该充分利用新媒体等现代化手段，加强"课程思政"专业化的推进

新媒体是现代化教育的重要手段之一，可以为高校思想政治教育提供新的途径和平台。高校可以通过建立网络学习平台、开设在线课程等方式，将思想政治教育的内容和形式进行专业化设计，提高教育的针对性和实效性。

3. 推动思想政治教育的现代化

通过"课程思政"专业化，可以推动思想政治教育的现代化，让思想政治教育更加符合时代和社会的需求。现代化的思想政治教育应该注重以下几个方面：

（1）注重创新教学方式

在思想政治教育中，传统的讲授方式已经无法满足学生的需求，需要创新教学方式。例如，采用互动式教学、案例教学、游戏教学等方式，增强学生的参与度和兴趣，提高教学效果。

（2）注重科技手段的应用

随着科技的发展，各种教学辅助工具也得到了迅速发展。例如，可以利用多媒体课件、在线教育平台等工具，提供更加丰富、生动的教学内容，让学生更好地掌握思想政治知识。

（3）注重跨学科合作

思想政治教育需要各学科的配合，才能更好地实现育人目标。因此，高校需要注重跨学科合作，建立跨学科教学平台，让不同学科之间的教师可以进行交流和合作，实现思想政治教育与学科教育的有机结合。

（4）注重实践教育

现代化的思想政治教育需要注重实践教育，让学生在实践中学习思想政治知识，锤炼实践能力和创新能力。例如，可以开展社会实践、实验教学、创新实践等活动，让学生在实践中感受思想政治教育的价值和作用。

三、推动课程评价体系完善，实现"课程思政"精细化

推动课程评价体系的完善，是实现"课程思政"精细化的重要措施之一。课程评价是对课程实施效果进行量化和定性评价的过程，对于"课程思政"教育来说，评价内容应该覆盖学生的思想政治素养、道德品质、价值观念等方面，既要关注学生的知识水平，也要

关注学生的思想政治成长。因此，在"课程思政"实施过程中，应该加强对课程评价体系的建设和完善。

（一）建立科学合理的课程评价指标体系

课程评价是一项复杂的系统工程，需要建立科学合理的评价指标体系。目前，我国高校课程评价指标体系已经逐步形成，包括教师教学能力、课程设置、教材质量、教学方法、学生成果等多个方面。但是，当前的课程评价指标体系还存在一些问题，如指标体系过于繁琐，评价标准不够科学合理等。

针对这些问题，高校需要根据"课程思政"工作的特点，建立科学合理的评价指标体系。具体来说，可以增加课程思政相关指标，如学生的思想政治素质提高情况、课程是否能够培养学生的社会责任感和实践能力等，以此来衡量课程思政工作的实际效果。同时，还可以加强对学生学习成果的考核，鼓励学生积极参与课程思政工作。

（二）实行多元化的课程评价方式

实行多元化的课程评价方式是推动课程评价体系完善的另一重要途径。传统的课程评价方式主要是通过学生问卷调查和教师的自我评价来进行评价，但这种评价方式存在很大的局限性。为了更好地满足不同需求的评价需求，高校应该采用多种评价方式，如学生反馈、教师评价、专家评审、学术论文等多种方式相结合的评价模式，从而更好地实现课程评价的多元化。

此外，高校还可以采用新兴的评价方式，如大数据分析、人工智能评估等技术手段，借助先进的技术手段来实现课程评价的自动化和精准化，提高评价效率和准确性。

（三）加强课程评价结果的应用和落实

推动课程评价体系完善的关键在于加强课程评价结果的应用和落实。仅仅是制定和实施评价体系还不足以推动"课程思政"精细化，必须对评价结果进行科学分析和应用，将其转化为推动教学改进和育人目标实现的有效手段。高校可以通过以下途径加强课程评价结果的应用和落实：

1. 建立反馈机制

建立反馈机制可以使得评价结果能够及时地反馈给相关人员，促进教学改进和育人目标的实现。高校可以通过学生评教、教师评教、教学督导等方式建立反馈机制，将评价结果及时传达给相关人员，促进其及时进行调整和改进。

2. 开展评价结果分析

评价结果分析可以帮助高校深入了解教学质量和育人目标实现的情况，有针对性地制定教学和育人改进措施。高校可以通过专门的数据分析团队，对评价结果进行科学分析和挖掘，找到问题的根源，提出具有可行性的改进方案。

3. 制定改进措施

根据评价结果分析，高校应该制定相应的改进措施，促进教学和育人目标的实现。改进措施可以包括教学方式的改变、教学内容的调整、教师的培训和教育等方面。同时，高校应该注重改进措施的可行性和有效性，确保其能够切实推动教学和育人工作的实现。

4. 监督和落实改进措施

评价结果的应用和落实需要建立起相应的监督机制，确保改进措施得到有效落实和推进。高校可以通过设立相关的评价结果监督机构，对改进措施的实施情况进行监督和评估，确保其落地见效。

5. 建立绩效考核制度

高校可以通过建立绩效考核制度，将课程思政工作的实现纳入绩效考核范畴，提高教师和学生的参与度和积极性。同时，绩效考核制度也可以激励高校管理层和教师团队的积极性，推动课程评价体系的完善和优化。

四、推动社会实践活动建设，实现"课程思政"多样化

（一）社会实践活动的重要性

社会实践活动是高校思想政治教育的重要组成部分，也是学生全面发展的必要途径之一。通过社会实践活动，学生可以更好地了解社会、认识自我，增强社会责任感和社会参与意识，提高社会实践能力，拓展社交关系，提高综合素质和创新能力。因此，社会实践活动对于学生的思想政治成长、职业发展以及终身学习等方面具有非常重要的作用。

（二）推动社会实践活动建设，实现"课程思政"多样化路径

1. 多样化的实践内容

社会实践活动应该具有多样性和针对性。高校可以根据不同专业、学科和学生的不同特点，设计不同的社会实践活动内容，以便更好地满足学生的需求。例如，对于人文类专业的学生，可以组织文化遗产保护、文化传承等方面的社会实践活动；对于理工类专业的学生，可以组织科技创新、科技成果转化等方面的社会实践活动。通过多样化的实践内容，可以让学生更好地了解自己所学专业的现实应用和发展前景，增强对专业的认同感和归属感。

2. 多样化的实践形式

社会实践活动应该具有多样性和实效性。高校可以通过各种形式的社会实践活动来满

足学生的需求。例如，可以组织实地考察、调研、志愿服务、社区服务、文化交流等形式多样的社会实践活动，让学生有机会接触和了解社会实践领域的实际情况，拓宽视野、开阔思路。

在社会实践活动的组织中，高校应该注重实效性。社会实践活动不仅要让学生有所收获，而且还要对社会产生积极的影响。例如，组织学生到贫困地区开展志愿服务、帮助贫困家庭解决实际困难等实践活动，既可以帮助学生树立正确的价值观和人生观，同时也可以为贫困地区带去实实在在的帮助和支持。

除了以上形式，高校还可以利用现代化技术手段，开展多样化的社会实践活动。例如，可以利用互联网和移动设备开展在线社会实践，让学生通过网络平台参与社会实践活动，了解社会热点和问题，提高学生的社会责任感和公民意识。

3. 实践活动与课程思政的结合

社会实践活动是"课程思政"多样化的重要组成部分。高校可以将社会实践活动作为课程思政的重要内容，将社会实践活动与课程教学相结合，让学生在实践活动中得到更好的思想政治教育。

例如，在一些专业课程中可以设置社会实践项目，让学生通过实践了解课程内容在现实生活中的应用和意义，加深对课程的理解和记忆。在通识课程中也可以设置社会实践活动，让学生了解社会现实和历史文化，提高社会责任感和公民意识。

此外，高校还可以通过社会实践活动，让学生体验创新创业的过程，培养创新思维和实践能力。例如，可以组织学生参加创业实践营、创新竞赛等活动，让学生深入了解创新创业的基本知识和技能，锻炼创新创业能力。

在实践活动与课程思政的结合中，高校需要注重活动设计和实施的规范化、标准化和系统化，使得课程思政能够在实践活动中得到更好的体现和实现。同时，高校还应该注重实践活动的质量和效果，开展有效的评估和反思，为未来的实践活动提供有益的经验和教训。

第三节　教师是课程思政的主导者与实施者

任何教学过程的改革没有教师的积极参与和支持都不会成功。因为教师是"课程思政"的实施者，教育教学实践是课程建设和改革的最终目的。为了实现"课程思政"在传播中注重知识的积累和价值的指导这一目标，教师是否具有相应的素养、情感、认知，将直接影响改革实施的效果。

一、提升教师专业素养，提高教学水平新高度

提升教师的专业素养和教学水平是实现"课程思政"改革的重要保障。教师应该注重

自身专业知识的不断提升，及时更新教育理念和教学方法，提高教学质量和水平。同时，还需要注重思想政治素质的提升，增强爱国主义、集体主义、社会主义的思想理念，加强对马克思主义基本原理、中国特色社会主义理论体系、中国优秀传统文化等的学习，不断提高自身的思想政治素质。

教师还应该注重个人素养和职业道德的提高，具有良好的敬业精神、责任意识和创新意识，关注学生的全面发展，积极参与学校和社会实践活动，不断提高自身的综合素质和职业能力。

同时，教师要注意在教学中注重学生思想政治教育的引导，将思想政治教育与专业教育、通识教育相融合，注重启发学生思维、培养学生创新能力、提高学生的社会责任感和公民素质，形成"课程思政"与"立德树人"相互促进的良性循环，促进学生全面发展。

二、转变教师教学认知，正确引导课程方向

为了实现"课程思政"在传播中注重知识的积累和价值的指导这一目标，需要对教师的教学认知进行转变。传统的教学认知往往局限于纯粹的知识传授，而"课程思政"则需要教师注重学生的思想政治教育，以培养学生的思想道德素质为目标，引导学生正确树立价值观念，关注社会责任和社会效益。因此，教师需要转变教学认知，正确引导课程方向，使课程教学更加注重学生的思想政治教育。

首先，教师需要从课程设计的角度思考如何在课程中注重思想政治教育。教师应该通过对教材的解读和课程的设计，挖掘课程中蕴含的思想政治元素，将其融入到教学中，让学生在学习专业知识的同时接受思想政治教育。教师还应该注重启发学生的思想和激发学生的创新思维，培养学生的人文素养，引导学生形成自己的人生观、价值观和世界观。

其次，教师需要转变教学方法，注重培养学生的思辨和创新能力。教师应该采用多种教学方法，如案例教学、小组讨论、问题解决等，培养学生的分析、综合、判断和创新能力，使学生在课堂上能够积极思考问题、提出问题、解决问题，增强学生的实践能力和思维能力。

最后，教师需要注重课程评价，从课程评价的角度来反思和调整教学方法和内容。教师应该建立科学的评价体系，对学生的学习成果进行全面、客观的评价，同时也对自己的教学进行反思和调整，使课程教学更加贴近学生的需求，更加注重学生的思想政治教育，从而达到提高教学质量的目的。

三、拓展教师思维水平，开拓教学新方式

（一）开展教学研究

教学研究应该注重实践，以实际问题为出发点，通过理论分析和实践探索，找出解决

问题的办法，并不断改进和完善教学方案。

教学研究应该注重合作，通过合作交流和团队协作，分享经验和成果，共同推进教学改革，提高教学水平。此外，教学研究还需要注重反思，及时总结教学实践中的经验和教训，不断优化教学方案和方法，提高教学效果。

因此，高校应该积极推动教师参与教学研究，建立和完善教学研究机制，支持教师开展教学研究活动，为教师提供充分的资源和支持。同时，高校也应该通过宣传和推广优秀的教学研究成果，激励更多的教师参与教学研究，推动教学改革和提高教学水平。

（二）多元化的学习方式

（1）听讲课：传统的学习方式，适合于掌握基础知识和理论知识。

（2）实践操作：适合于掌握实践技能和知识，如实验、实习等。

（3）讨论交流：适合于理解和分析复杂的概念和问题，促进思维碰撞和启发。

（4）个性化学习：根据学生的兴趣和能力进行差异化的学习，例如针对性强的教学计划和课程设计，个性化作业和评估。

（5）线上学习：通过网络平台、视频、网络课程等在线学习资源，实现灵活自主学习。

3. 不断反思

不断反思是教师教学过程中非常重要的一环。教师需要反思自己的教学方式、教学效果、学生的学习情况等方面。通过反思，教师可以发现自己的教学中存在的不足之处，及时进行调整和改进。同时，反思也可以让教师认识到自己的教学优点和不足，从而更好地发挥自己的优点、改进不足之处，提高自己的教学质量。教师可以通过反思来不断完善自己的教学方法和技能，提升自己的专业素养，使自己的教学更加高效、精准、有效。

4. 培养自己的创新能力

教师应该有开拓创新的精神，探索新的教学方式和方法，不断创新，提高自己的教学效果。

四、推动教师课程探索，深挖教学新资源

每门课程都蕴含着丰富的教育资源，因此在实施"课程思政"时，应以每门课程为基础。将"课程思政"建设与学科体系建设相结合，可以确定学科教育资源，建立学科教育共同体。在思政理论课中，应重视政治指导，挖掘政治文化的教育价值。对于专业教育、通识教育和其他综合素质课程，应探索其人文精神和科学精神，强调对创新意识、科学素养、生态文明和工匠精神的教育。由于每门课程的专业知识、技术和理论不同，因此需要大力推动"课程思政"的发展。

为了实现全面覆盖和完善，"课程思政"的实施需要清晰明确的教学指导方针。对于每门课程，必须了解其相应的教育价值内容，并根据不同的学科属性和课程特点，制定准确的教学大纲和教学指南。这需要结合不同学科和专业的特点，梳理和挖掘思想政治教育资源，为学科教育和综合素质教育共同建设学科教育系统。同时，要尊重各种课程的独特性和差异性，根据课程的不同特点，着重强调其相应的教育内容，如自然科学类课程应发掘创新精神和科学精神，工程类课程应发扬工匠精神和奉献精神，人文社会科学类课程应发掘人文精神等等。

在"课程思政"的实施过程中，需要结合思想政治教育理论课、专业课程和通识课程的契合点和共同特点，形成各学科的话语体系，从而实现专业知识传授和价值观念的有机统一。挖掘蕴含在课程中的思想政治资源，将"课程思政"的原则和要求一并带入课程中，实现专业知识与立德树人授课目标的融通，并对"课程思政"教学效果进行及时反馈，调整现有教学策略、引入新的教学手段。通过这些措施，可以实现"课程思政"的全面推广和深度发展，提高教育教学质量，培养德智体美劳全面发展的优秀人才。

五、大力推进教师队伍建设

（一）提升专业课教师对课程思政的价值认同

教师是推进课程思政工作的关键因素，他们的育德意识和育德能力直接决定了课程思政工作的实施效果。为了提升专业课教师对课程思政的认同，我们需要从以下两个方面入手：

首先，教师需要树立牢固的育德意识，深刻认识到育人是教育的根本任务。教师需要在日常教学中注重学生的思想政治教育，重视课程思政的价值，将育人融入到教学全过程中。同时，教师需要时刻更新自己的知识和思想，注重自身素质的提高，不断拓展思想政治教育的视野，提高育人能力。

其次，需要加强教师的培训和指导，帮助他们更好地理解和掌握课程思政的实施要求和方法。学校可以组织专业课教师参加课程思政的相关培训和研讨活动，邀请专家学者分享经验和心得，引导教师认识到课程思政对于学生的发展和成长具有重要的意义。同时，学校还可以制定明确的课程思政指导方针和教学大纲，指导教师制定符合要求的教学内容和教学方案，以达到课程思政的有效实施。

总之，提升专业课教师对课程思政的认同需要教师自身的不断努力和学校的积极引导，只有这样才能在教学中真正体现育人的功能，培养出德智体美劳全面发展的优秀人才。

（二）提升专业课教师对课程思政的教学能力

课程思政的建设最终需要落实到教学主课堂上，而教师队伍的建设尤为关键。目前来看，专业课教师在课程思政教学目标的实施方面仍存在思想政治教育意识和能力的欠缺，这给提高课程思政教学质量带来了挑战。如何提升专业课教师对思想政治教育内容的胜任善教，成为课程思政推进中的重大课题。

为了提高专业课教师的课程思政教学能力，需要注重开展日常培训，并将育德意识与能力建设全方位落实到各个相关环节。此外，在新进教师岗前培训、教学督导随堂听课、教学技能竞赛、日常政治学习、研修培训等方面，也需要加强"传道"意识，提升"传道"能力，引导广大教师担负起育人责任。在教学方面，每位授课教师都需要注重塑造学生的品格理想，成为学生健康成长的指导者和引路人。具体来说，专业课教师对于课程思政工作的胜任善教要体现在三个方面：第一是对思想政治教育体系要具备系统的运用能力；第二是对思想政治教育的特征、规律和话语的掌握能力；第三是教学设计能力的提升，包括研究学生的能力、课程与教材设计开发能力、课程思政的教学与管理能力、课程思政的评价能力以及反思与发展能力等。通过这些努力，才能真正提升课程思政的育人能力，推动专业课教师对课程思政工作的胜任善教。

第四节　学生是课程思政实施过程的客体

高校、教师和学生是"课程思政"建设的三个重要环节。推进"课程思政"建设需要广泛的协作和配合。从实施过程来看，需要不断加强学生的参与和建设的深化。同时，需要运用系统运作的思维，建立教育共同体制度，促进各环节之间的深度参与。高校应当提供全面的支持，包括资金、人力和政策支持，同时提供良好的学术环境和社会氛围。教师需要不断提高自身的专业素养和思政教育水平，不断学习和创新，为学生提供更好的思政教育服务。学生应当积极参与课程思政建设，发扬自主学习、合作学习的精神，不断提高自身的思政素质。通过这样的合作和努力，可以推动"课程思政"建设的不断深入，为培养更多的高素质、有担当的人才做出积极的贡献。

一、发挥学生在思想政治教育中的主观能动性

高校思想政治教育仍存在着一些问题，比如过于注重理论教育，忽视实践教育；更多关注社会的光明面，忽略社会问题的分析；过多进行理论灌输，而对学生的实践培训不够重视；解释知识和概念较多，而对学生的道德修养指导不足等。这些问题的存在容易导致学生在学习上的能力强，而实践能力较弱。为解决这些问题，思想政治教育必须转变认知

教育观念，树立实践教育观念，通过实践活动来培养学生的道德品德和实践能力。特别是教师要积极发挥学生课堂教学活动的主角作用，给予学生更多的课堂教学时间和任务，同时做好组织、设计、指导和启发，让学生能够依靠自己的智慧积极、独立地思考和解决问题。教师应该给学生时间和空间，让他们尝试不同的方法，在实践中探索和发展自己的能力。此外，通过将理论教育与学生熟悉的事件和人物联系起来，并通过社会实践作为重要的教育方式，使学生能够感受到教育活动与他们的生活息息相关，从而促使他们更深刻地理解和体验道德品格的内在价值和乐趣。

二、提高学生获取思想政治知识的积极性

学生在学习中面临种种挑战，激励体系的建立是非常重要的，可以帮助学生更加积极地参与学习、实践和社会活动。除了上述建议，还可以考虑以下方面来建立激励体系。首先，建立学生的自我管理和自我激励能力。这可以通过给学生一定的自主权和授权，让他们在学习和生活中自己做出决策，并通过鼓励和肯定来激励他们取得成果。其次，引导学生理解和认识自己的成长和发展，帮助他们了解自己的优点和不足，以此来制定目标并寻求激励。最后，建立有意义的竞争机制，通过竞争来激励学生更好地参与学习和实践活动，同时也提高了学生的成就感和满足感。在激励体系的建立中，要尊重学生的个性和差异性，综合运用多种手段和方法，让每个学生都能够受益并成长。

三、开拓学生对思想政治教育的思考力

教师应该注重激发学生学习的内在动力，通过激发学生的兴趣和热情，提高学生的学习积极性。例如，通过让学生参加学术科研活动、社会实践等，让学生体验到知识的实际应用和社会价值，从而激发学生的学习热情。此外，教师还应鼓励学生尝试探索未知领域，发掘学科的更深层次，并且为学生提供合适的挑战，激发学生的学习兴趣和动力。

同时，教师还应该采用多种教学手段，使学生可以更好地参与到学习中来。例如，利用小组讨论、演讲比赛等方式，让学生更好地交流和分享，扩展视野，拓展思路，提高学生的学习效果。在课堂教学中，教师可以采用启发式教学，通过提问、引导、讨论等方式，让学生自己探索问题，提高学生的思维能力和创新能力。

最后，教师还应该给学生提供多样化的评价方式，让学生感受到学习的成就感和进步感，从而提高学生的学习积极性和动力。评价方式不仅仅限于考试，还可以采用平时表现、课堂表现、实践活动等多种方式进行评价，让学生可以根据自身的实际情况，找到适合自己的学习方式和方法。

四、加强学生对思想政治教育的转化能力

学生在学习过程中的积极性应该是自觉的，因为他们不应该只是知识和事物的被动接

受者，而是应该积极参与学习，成为学习的主体。单向的"灌输"式教育会抑制学生的主观能动性，导致学生产生反感和逆反心理。因此，我们需要转变单向灌输的教育观念，树立双向互动的教育理念，增加学生的参与度，发挥学生的积极性。

在教育和教学过程中，双向交互的想法可以削弱主体和客体之间的关系，使教育的双方都成为教育和教学活动的参与者。双向交互强调民主和平等，体现对话和交流，不仅可以发挥教育者的主导作用，还可以调动学生的积极性，有效地增强思想意识的亲和力。

"课程思政"的目的不仅仅是向学生传授理论知识，而且还要培养学生的思想政治素质，引导学生树立正确的学习观念，使学生改变思想道德标准和道德行为。

第六章　高校课程思政与思政课程的协同育人

长期以来，高校思想政治工作的主要渠道一直是思想政治理论课程。因此，要找准思政课程的定位，探究"课程思政"和思政课程协同育人的内涵、特点及重要性，通过研究这些问题，能让理论研究更好地在"立德树人"的实践中发挥指导作用。

第一节　思政课程与课程思政协同育人的内涵与特征

高校思政理论课是学校思想政治教育的主渠道，为了更好地实现"立德树人"的目标，必须找准思政课程的重点和关键，理解"课程思政"的内涵和特点，并将其与思政课程相结合，实现协同育人。这样，才能使思想政治教育真正地贯穿于整个教育过程中，让学生在受到学术和实践双重熏陶的同时，树立正确的学习理念和道德标准，提高思想意识和思想品质。只有这样，才能更好地为学生未来的发展注入时代的精神，用创新引领发展。

一、高校思政课程的内涵与特征

（一）高校思政课的内涵

高校思想政治课程，即高校思想政治理论课，是指在教育教学中系统地对学生进行马克思主义理论教育的这类课程的总称。思想政治课程的主要任务是开展马克思主义科学理论科学教育，培养学生形成正确的思想观念、政治观点、道德规范，成为社会主义事业合格建设者和可靠接班人。思想政治课程的内容主要包括《马克思主义基本原理概论》《毛泽东思想和中国特色社会主义概论》《中国近现代史纲要》《思想道德修养和法律基础》以及《形势与政策》等课程。通过思想政治课程的教学对大学生进行马克思主义政治理论教育、进行社会主义、爱国主义和拥护中国共产党的教育以及党的路线方针政策的教育，这些内容都具有一定的政治性，也就是坚持社会主义道路，树立为社会主义事业奋斗终身的理想。

（二）高校思政课程的特征

作为一门向大学生进行思想政治教育的课程。与其他课程相比，思想政治理论课有以下几个特征：

（1）理论性强

思政课程涉及到的内容都是比较抽象和高深的理论知识，因此在教学过程中需要运用一定的理论分析方法，使学生逐渐理解并吸收这些理论知识。

（2）政治性强

思政课程作为立德树人的主渠道，具有明显的政治性。在教学内容上，需要将社会主义核心价值观、马克思主义基本原理等理论知识融入其中，引导学生坚定理想信念，牢记党的宗旨，为实现中国梦奋斗终身。同时，教学方法也要体现政治性，引导学生关注国家大事、时政热点，增强政治敏感性和政治参与性，培养成为热爱祖国、拥护党的人才。

（3）时代性鲜明

思政课程与课程思政要求教学内容及时更新、与时俱进，将新时代背景下的理论成果引入教学，让学生在学习中了解当代中国的发展变化，理解时代的特点与趋势。同时，课程思政也要关注学生的现实需求和发展方向，根据不同专业和个体的情况进行差异化教育，发挥课程思政在实现个性化培养、素质教育的作用。

（4）教学方法灵活

思政课程与课程思政的教学方法必须具有灵活性，不同年级、不同专业、不同文化背景的学生需要不同的教学方法。教学方法应该充分考虑学生的个体差异和发展需求，充分发挥课堂讨论、小组讨论、情景模拟、案例教学等多种教学方法的优势，使学生在交流互动中不断加深对理论知识的理解和掌握，增强实践能力和解决问题的能力。

（5）评价体系完善

思政课程与课程思政的教学成果需要得到科学评价。要注重考察学生的知识掌握程度和能力水平，同时也要注重考察学生的思想政治素质，如是否能够理解并贯彻党的路线方针政策，是否具备批判思维和创新思维等。评价体系要符合课程目标，重视发现和挖掘学生潜力，鼓励学生在思想政治教育中不断成长和进步。

二、课程思政的内涵与特征

（一）课程思政的内涵

1. 教育目标一致性

课程思政协同育人的内涵，主要是在思想政治理论课和学科专业课程之间，建立教育目标一致性，实现两者的有效融合。在教学中，应当注重专业知识和思想政治教育的有机结合，确保学生不仅具备专业技能，同时也具备正确的政治信仰和人文素养。因此，教师需要针对不同专业，进行有针对性的思想政治教育，让学生在专业技能的同时，增强自身的社会责任感和文化素养。

2. 教学内容的贯通性

课程思政协同育人的内涵，还包括教学内容的贯通性。教师需要在教学中贯穿思想政治教育内容，使之与专业知识紧密相连，让学生在学习专业知识的同时，领悟其中的思想政治内涵。在教学设计上，可以通过案例分析、探究性学习等方式，将学科知识与思想政治教育有机地结合起来，让学生更深入地了解社会现实和国家政策，增强思想政治素质。

3. 教学方法的多样性

课程思政协同育人的内涵，还包括教学方法的多样性。教师需要根据不同的学科特点和教学目标，采用多种教学方法，使学生在学习专业知识的同时，更好地领悟其中的思想政治内涵。在教学中，可以采用讲授、讨论、互动、研讨等多种教学方法，让学生更加积极地参与到学习中来，加深对知识的理解，提高思维能力和创新能力。例如，在课堂上可以组织学生进行小组讨论，让学生自主探究问题，加强与同学的交流互动，激发学生的思考和创新意识。同时，教师还可以采用案例教学、项目教学、实践教学等方式，将理论知识与实践相结合，引导学生探索知识与实践的关系，促进思想政治教育的深度融合。

在课程思政中，教学方法的多样性不仅可以提高教学效果，还可以培养学生的创新精神和实践能力。例如，在"大学生村官"课程中，教师可以采用实践教学的方式，组织学生到农村实地考察、开展社会实践，让学生深入了解农村发展现状和农民的生活，同时将马克思主义的理论知识与实践相结合，让学生切身体验到思政课程的现实意义，激发学生的社会责任感和家国情怀。

（二）课程思政的特征

"课程思政"与思政课程有着本质的区别，在强调思想政治教育的背景下，要防止一种错误倾向，即将专业课程当做思政课程来理解。因此，在推进"课程思政"的实践中，必须把握好"课程思政"的特征。"课程思政"主要表现为以下几点特征。

1. 系统性强

课程思政协同育人注重学科知识与思想政治教育的有机结合，通过系统化的课程设置和教学设计，培养学生的思想道德素质和学科知识，使学生的综合素质得到全面提升。

2. 政治性强

在课程思政协同育人中，强调将社会主义核心价值观、马克思主义基本原理等理论知识融入学科教学中，引导学生坚定理想信念，提高政治觉悟和思想素质。

3. 教学方法的多样性

在课程思政协同育人中，教师需要根据不同的学科特点和教学目标，采用多种教学方法，使学生在学习专业知识的同时，更好地领悟其中的思想政治内涵。

4. 现实性强

课程思政协同育人要贴近社会现实，注重培养学生的社会责任感和创新能力，使学生能够在实践中发挥自己的优势和作用，成为推动社会进步和发展的重要力量。

5. 国际化视野

在课程思政协同育人中，教育者需要注重国际化教育，引导学生拓展国际视野和多元文化意识，提高学生的国际竞争力和全球化素质。

三、高校"课程思政"与思政课程的关系

事物之间的联系具有普遍性，找到了高校思政课程与"课程思政"的内涵、特征与发展趋势，"课程思政"与思政课程协同育人问题，就必须弄清楚它们之间的联系与区别。

（一）高校"课程思政"与思政课程的联系

高校"课程思政"与思政课程都是高校思想政治教育的重要组成部分，两者之间密不可分，具有紧密的联系。在理论层面，课程思政是思政课程的重要组成部分，两者都具有教育大学生思想政治素质的目的，同时也都是高校落实立德树人根本任务的关键课程。在实践层面，课程思政可以作为思政课程的延伸和补充，弥补思政课程在具体知识学习和教育形式方面的不足，提高教学质量和效果。

一方面，高校思政课程在教学内容和教学形式上的要求，对课程思政提出了更高的要求。高校思政课程需要全面、深入、系统地教育学生马克思主义基本原理、毛泽东思想和中国特色社会主义等方面的知识，同时也需要通过思想政治教育引导学生形成正确的政治方向、政治观点、政治信仰和政治立场。而课程思政则需要在学科专业知识教学中引导学生领悟其中的思想政治内涵，增强学生的思想政治素质。因此，课程思政需要对学科知识进行深入剖析，找出其中的思想政治内涵，将其作为教学内容的重要组成部分。同时，课程思政的教学形式也需要更加灵活多样，例如采用案例分析、研究型学习、讨论式教学等方法，增强学生的思想政治教育效果。

另一方面，高校思政课程也可以从课程思政中得到补充和延伸。在高校思政课程中，由于知识体系的局限性，很难涵盖所有学科领域的思想政治内涵。而课程思政则可以通过引导学生对学科知识的探究和研究，使其更好地理解和把握其中的思想政治内涵，从而增强学生的思想政治素质。此外，课程思政还可以通过与思政课程的有机结合，使思想政治教育贯穿于整个学习过程中，使学生在学科知识的学习中不断增强思想政治素质和能力。

（二）高校"课程思政"与思政课程的区别

首先，高校"课程思政"和思政课程在教学形式上存在差异。思政课程一般是一门完

整的课程，学生需要定期上课、完成作业、参加考试等。而"课程思政"则是将思想政治教育融入到各门专业课程中，通过授课教学、案例研讨、课堂互动等形式来引导学生的思想观念和价值观念。

其次，高校"课程思政"和思政课程在教学内容上也存在差异。思政课程主要是对学生进行马克思主义政治理论教育、进行社会主义、爱国主义和拥护中国共产党的教育以及党的路线方针政策的教育。而"课程思政"则是将思想政治教育贯穿到各门专业课程中，让学生在学习专业知识的同时获得思想政治教育的引导，更加具有针对性和实效性。

再次，高校"课程思政"和思政课程在教学目的上也存在差异。思政课程是对大学生进行思想政治教育的主渠道，主要是通过对学生进行马克思主义理论教育和思想政治教育，培育其自觉接受党的领导和积极践行社会主义核心价值观的必修课程。而"课程思政"则是通过将思想政治教育融入到各门专业课程中，让学生在学习专业知识的同时更好地领悟其中的思想政治内涵，提高思想政治素质，培养担当民族复兴大任的时代新人。

最后，高校"课程思政"和思政课程在教学方式上也存在差异。思政课程一般采用讲授、讨论、案例分析等方式，让学生充分理解思想政治教育的内涵和重要性。而"课程思政"则更加注重互动、研讨、探究等教学方式，让学生在专业知识学习中获得思想政治教育的引导和启示，以达到深入学生内心、形成正确的价值观和政治立场的目的。同时，课程思政也更加注重与社会实践相结合，通过社会实践、实践教学等方式，让学生在实践中感悟思想政治教育的重要性，从而形成更加深刻的理解和认识。

总的来说，高校"课程思政"和思政课程都是高校思想政治教育的重要组成部分，它们有着紧密的联系和互动关系。它们既有相同之处，也有不同之处，但都以培养学生的思想政治素质和社会责任感为根本目的。

四、高校"课程思政"与思政课程协同育人的基本内涵及特性

高校"课程思政"与思政课程协同育人是由"课程思政"与思政课程相结合，达到育人目的而组成的一个新事物。为了在实践中更好地促进"课程思政"与思政课程协同育人，首先就必须要对"课程思政"与思政课程协同育人的概念进行界定，并分析其中蕴含的教育思想。

（一）高校"课程思政"与思政课程协同育人的基本内涵

"协同"一词源自古希腊语，也可以用协和、同步、和谐、协调、协作、合作等词来表示。这个概念属于协同学的基本范畴。德国科学家哈肯（Haken, Hermann）认为协同是指各个子系统相互协作，联合作用的互动行为。也就是说，系统中各要素自发相互作用，产生系统规则，并在规则的指导下，各要素同心、同向、同步协作。通过不断的协

调、整合、优化，形成大协同环境。协同就是运用综合的思维方式，将系统中的相关要素结合起来，形成合力，共同促进系统的发展，从而达到制定目标的过程。

"协同育人"起源于20世纪中叶的欧洲，是为了实现高技能人才培养而提出的理念。其主要思想是通过教育、科研、创新三大领域的协同发展来培养人才。协同育人主要包括协同教育、协同管理、协同学习等理念。因此，"协同育人"作为一种教育理念和手段，旨在使各个育人主体在培养人才的过程中将人才培养作为核心目标，并在协作系统中实现资源共享、有效互动。

"课程思政"和思政课程协同育人是在新时代背景下应对立德树人要求提出的一种教育理念。它是指在思想政治教育体系中，既要发挥思想政治理论课的作用，同时还要充分发挥综合素养课和专业课的作用，通过挖掘这些课程中蕴含的思想政治教育资源，促进思想政治理论课的思想政治教育与综合素养课、专业课的隐性思想政治教育相结合，使思想政治理论课与综合素养课、专业课在育人时达到育人主体协同、育人内容协同、育人机制协同，从而促进学生的全面发展。在这个过程中，强调了"课程思政"和思政课程的同向同行，解决了培养什么人、怎样培养人、为谁培养人这个根本问题。这不是简单地将二者位置互换再结合起来，而是以思想政治理论课为主，以专业课程为辅，充分发挥专业课程和思政课程在育人方面的作用，对学生进行思想政治教育的一个系统。

就育人主体协同而言，"课程思政"与思政课程协同育人是指在对学生进行思想政治教育时，除了要有思想政治理论课的教师进行思想政治教育之外，还需要激发综合素养课教师和专业课教师的育德意识和育德能力，将综合素养课教师和专业课教师协同起来进行思想政治教育，破解传统思想政治教育教师"孤岛"现象，形成协同合力，从而促进学生的全面发展。

就育人内容协同而言，要围绕政治认同、家国情怀、文化素养、法治意识、道德修养等重点优化"课程思政"的内容供给。在高校"课程思政"的要求下，各类课程都要做到专业知识的传授和学生价值的引领。在这里，要通过什么内容来进行学生的价值引领，使学生的思想能够符合社会主流意识，增强四个自信，实现立德树人的任务呢？在"课程思政"教学内容与思想政治理论课的教育教学内容方面要达到协同，通过协同发力，共同完成教师的教书育人使命。

就机制协同而言，"课程思政"和思政课程协同育人需要发挥各方面的机制，从而形成一个相对完善的教育体系。就机制而言，主要表现在课程制度建设、课程责任体系、课程监督体系、课程激励机制等方面。只有将这些方面的机制建立起来，并且在实践的过程中不断健全这些机制，才能够发挥好"课程思政"和思政课程在学生全面发展过程中的协同作用，发挥教育的合力。

（二）高校"课程思政"与思政课程协同育人的特性

1. 高校"课程思政"与思政课程协同育人承载的是一种教育责任

在新时代背景下，高校肩负着立德树人的使命，要将学生培养成为德、智、体、美、劳全面发展的社会主义建设者和接班人。为了实现这一目标，高校需要通过多种途径对学生进行思想政治教育，而"课程思政"和思政课程协同育人就是其中的一种途径。通过这种途径，高校可以挖掘各类课程中蕴含的思想政治教育资源，促进思想政治理论课的思想政治教育与综合素养课、专业课的隐性思想政治教育相结合，从而实现育人主体协同、育人内容协同、育人机制协同，达到全面培养学生的目的。因此，"课程思政"和思政课程协同育人是高校肩负的重要教育责任之一，是推进高校立德树人的重要手段。

2. 高校"课程思政"与思政课程协同育人注重的是一种教育方法

高校"课程思政"与思政课程协同育人注重的教育方法主要是将思想政治教育与其他课程有机地结合起来，通过挖掘各类课程中蕴含的思想政治教育资源，实现育人主体协同、育人内容协同、育人机制协同，促进学生的全面发展。具体来说，这种教育方法强调将思想政治理论课与综合素养课、专业课结合起来，通过各类课程的教学，引导学生树立正确的政治观、人生观和价值观，增强学生的国家意识、社会责任感、法治观念和文化自信，促进学生的全面成长和发展。这种教育方法的实施需要教育者具备较高的育人能力和育人观念，需要教育机构制定相应的教育计划和课程安排，并且需要建立起完善的课程体系和育人机制，以确保教育效果的达成。

3. 高校"课程思政"与思政课程协同育人要建设为一种教育体系

首先，建设"课程思政"与思政课程协同育人的教育体系需要高校制定相应的教育计划和课程安排。高校需要结合学生的专业特点和教育需求，合理安排各类课程的教学内容和教学方式，挖掘各类课程中蕴含的思想政治教育资源，将思政课程与其他课程有机地结合起来，实现育人内容协同。

其次，建设"课程思政"与思政课程协同育人的教育体系需要建立起完善的课程体系和育人机制。高校需要建立起统一的思政课程体系，将思政课程分为必修课和选修课，同时建立综合素养课、专业课等课程的思政教育模块，将各类课程的思政教育资源整合起来，形成一个相对完善的教育体系。同时，高校还需要建立起完善的育人机制，包括教师评价机制、学生评价机制、课程质量监督机制等，以确保教育质量的提升。

最后，建设"课程思政"与思政课程协同育人的教育体系需要提升教师的教育能力和育人观念。高校需要为教师提供专业的教育培训，提高教师的思政教育能力和教育水平，培养教师的育人意识和育人责任，促进教师的全面发展。

五、高校"课程思政"与思政课程协同育人的重要性

（一）坚持立德树人根本任务的需要

坚持立德树人的根本任务是教育的本质要求，也是我国高等教育事业发展的必然要求。高等教育是育人的重要阵地，其根本任务是培养德智体美劳全面发展、有中国特色、世界眼光、具有创新精神和实践能力的高素质人才，为国家和社会发展作出贡献。立德树人是高等教育的灵魂所在，是我国高等教育事业发展的根本要求，是实现高素质人才培养目标的核心。

在新时代，实现中华民族伟大复兴的中国梦，必须大力培养德才兼备、全面发展的高素质人才。立德树人是推进中国特色社会主义教育事业全面深化的重要基础，具有重要意义。我们要深刻领会立德树人的内涵，坚持德育为先的教育方针，全面推进高校"课程思政"与思政课程协同育人，注重德育和知育、能育和体育、美育和劳育的有机结合，从而全面提升高校育人质量，培养德才兼备、全面发展的高素质人才，为实现中华民族伟大复兴提供有力的人才支撑和智力支持。

（二）确保社会主义办学方向的需要

中国高校在进行高等教育时，必须与中国特色社会主义的方向保持一致，服务于中国特色社会主义建设过程中提出的要求。这需要学生树立"四个自信"意识，即道路自信、理论自信、制度自信、文化自信。只有这样，才能培养出具有高度民族自豪感和自信心的中国特色社会主义建设者和接班人。在实现立德树人的任务过程中，思想政治理论课具有关键的作用，它在学生思想素质的确立和价值观念的正确引领中发挥着重要作用。思政课能够在教育教学中发挥自身的学科价值，引导学生具备正确的家国观念和民族情怀，让他们对国家充满自信，用自身的发展推动中国特色社会主义事业的发展。在这个过程中，"高校课程思政"与思政课程协同育人是至关重要的，它需要在各门课程的教育教学中渗透思想政治教育思想，充分挖掘各门课程背后蕴含的思想政治教育元素，以培养具有高度责任感和使命感的中国特色社会主义建设者和接班人。只有这样，才能实现高校立德树人的根本任务，培养更多拥有工匠精神和责任担当的时代新人，为推动中国特色社会主义事业不断发展做出积极的贡献。

（三）高校思想政治教育改革创新的需要

高校思想政治教育改革创新是当前高等教育事业发展的必然要求。一方面，随着我国经济的发展和国际竞争的加剧，高校肩负着培养具有国际竞争力的人才的重要使命。为了

实现这一目标，高校必须注重学生的思想政治教育，培养具有担当民族复兴大任的时代新人，这也是高校立德树人的根本任务。另一方面，随着社会的不断进步和发展，学生的思想政治素质也在不断提高，高校必须不断地更新和创新思想政治教育的内容和形式，以适应时代发展的需要。

为了实现高校思想政治教育改革创新，需要从以下几个方面着手。首先，要加强高校思想政治教育的组织领导，建立健全高校思想政治教育工作体系，加强思想政治教育的管理和指导。其次，要加强教师队伍建设，提高思想政治教育的教学水平，确保思想政治教育工作的有效实施。同时，要注重教材的创新和教学方法的改进，开展多种形式的思想政治教育活动，如讲座、研讨会、社会实践等。最后，要注重学生的参与和主体地位，鼓励学生发表自己的见解和看法，引导学生自觉参与到思想政治教育中来，增强他们的思想政治素质和自我意识。

第二节　科学把握新时代高校人才培养的本质要求

"课程思政"与思政课程协同育人是新时代中国特色社会主义高校的一项新的政治任务，是实现新时代大学生思想政治教育改革创新的需要。高校应该通过"课程思政"的实施，让各门课程都能够渗透思想政治教育，充分挖掘各门课程背后蕴含的思想政治教育元素，以保证培养出来的人才是热爱中国共产党、拥护党的领导的社会主义事业的建设者和接班人，进而确保社会主义培养目标的实现。

然而，目前实践中"课程思政"协同思政课程效果不理想，关键在于思想政治理论课之外的其他课程没有充分发挥思想政治教育职能，导致无法达到预期效果。因此，要解决好"课程思政"协同思政课程的问题，就必须找到其他课程思想政治教育发挥职能的有效对策。

"立德树人"是中国特色社会主义高校人才培养的根本要求，也是中华民族几千年的教育传统。但是，高校在实践中准确把握"立德树人"的科学内涵，实践"立德树人"任务还有待加强。因此，"课程思政"作为一项新举措，强化了高校的"立德树人"教育观念，深化了高校思想政治教育改革创新。通过"课程思政"与思政课程协同育人，可以在各门课程中培养学生正确的世界观、人生观、价值观，从而实现铸魂育人、立德树人的根本任务。

一、准确理解"立德树人"的科学内涵

"立德树人"是中国传统教育文化中的核心理念之一，也是新时代中国特色社会主义高校人才培养的根本要求。准确理解"立德树人"的科学内涵，对于高校实现人才培养目

标具有重要意义。

首先，"立德"是指在人格的基础上建立正确的道德观念和价值观念，是高校教育的基本任务。在现代社会，道德观念和价值观念的多元化和复杂性给高校的道德教育提出了更高的要求。高校应当通过各种途径培养学生的道德观念和价值观念，引导学生认识社会责任，担当民族复兴大任，从而让学生具备坚定的理想信念和良好的道德品质，成为德智体全面发展的社会主义建设者和接班人。

其次，"树人"是指高校教育应该注重发掘和培养学生的潜力，促进学生的全面发展。高校应该注重学生的综合素质教育，强化学生的能力培养，促进学生的创新思维和实践能力，为学生的未来发展打下坚实的基础。此外，高校还应该注重学生的职业素养教育，引导学生树立正确的职业观念和职业道德，掌握职业技能，做好职业规划，为未来的职业发展打好基础。

再次，"立德树人"的科学内涵也包括弘扬中华优秀传统文化、培养国际视野和创新能力。中国是一个拥有深厚文化底蕴的国家，在高校教育中应该充分发挥中华优秀传统文化的教育作用，引导学生对中华文化进行深入了解，提高文化自信，培养国家意识和民族精神。同时，高校还应该注重培养学生的国际视野和跨文化交流能力，为未来的国际合作和交流打下基础。高校还应该注重培养学生的创新能力，引导学生掌握创新思维和方法，培养创新精神和创业能力。

二、准确把握新时代高校的本质特征是育人

新时代高校的本质特征是育人，这一特征的形成与中国特色社会主义建设的需要密切相关，也是高校的历史使命和发展方向。育人作为高校的核心任务，其本质意义是培养人才，不仅仅是技术技能的培养，更是思想政治素质的培养和人格品质的养成。在新时代，高校必须准确把握育人的本质特征，深化立德树人的理念，以此为基础推进高等教育教学改革，为实现中华民族伟大复兴作出更大的贡献。

首先，新时代高校的本质特征是育人。在当前中国特色社会主义建设的背景下，高校在人才培养方面承担着非常重要的责任，这也是高校的历史使命和发展方向。高校育人的本质意义在于通过全面的教育培养出具有较高思想政治素质和人格品质的人才，能够适应和推动中国特色社会主义建设和中华民族伟大复兴的需要。同时，高校也是国家人才培养的主要渠道和人才智力资源的主要来源，因此高校的育人特征也是推进国家人才强国建设的重要保障。

其次，准确把握育人的本质特征有利于高校有效落实立德树人任务。立德树人是中国特色社会主义高校人才培养的根本任务，也是中华民族几千年的教育传统。立德树人的本质是通过高校的教育和教学全面提高学生的思想政治素质和人格品质，培养学生的责任

感、使命感和担当精神，让他们在自身发展和成长的过程中能够自觉地将自身发展与中国特色社会主义事业相结合，用自身的全面发展来推动中国特色社会主义事业的发展。因此，准确把握育人的本质特征有助于高校更好地贯彻立德树人任务，进一步提升学生的思想政治素质和人格品质。

最后，新时代高校的本质特征是育人，也是高校发展的核心使命。高校的育人任务不仅仅是传授知识，更重要的是通过学生的全面发展，促进社会的发展和进步。因此，高校在培养人才时，应该从知识、技能和态度三方面进行全面发展，让学生在学习的过程中不仅具备专业技能，还要具备正确的价值观和人生观。

三、准确把握社会主义的办学方向

社会主义的办学方向，是指在中国特色社会主义背景下，高校应该以哪些理念和价值观为指导，办好高等教育。准确把握社会主义的办学方向，对于高校来说是至关重要的，因为高校是培养未来社会建设者和领袖的摇篮，直接关系到国家和民族的未来。

（一）社会主义的办学方向是高校育人的本质特征

高校是为国家培养各类高层次人才的重要场所，具有承担国家重大使命的使命和责任。高校育人是高等教育的本质特征，是高等教育的根本任务。社会主义的办学方向就是通过高校教育培养学生为社会主义建设贡献智慧和力量的人才。高校要发挥育人的作用，就必须准确把握社会主义的办学方向，将社会主义核心价值观和立德树人理念贯穿于教育教学的全过程中。

高校教育应该坚持以人民为中心的发展思想，注重培养"四有"新人，即政治坚定、品德高尚、学识渊博、身体健康的新时代青年。培养这样的新人，需要高校从教育方式、教育内容等方面着手，加强思想政治教育、优化课程设置、提高教育质量等方面做出努力。

（二）准确把握社会主义的办学方向，有利于高校有效落实立德树人任务

高校的立德树人任务，是贯穿高等教育全过程的重要任务。立德树人是高校的根本任务，也是高校教育的灵魂和精髓。社会主义的办学方向，是高校立德树人任务的重要指导。准确把握社会主义的办学方向，可以帮助高校更好地发挥教育教学的育人功能。

第一，高校要以培养"四有"新人为中心，着重培养学生的思想政治素质。社会主义的办学方向要求高校不能仅仅是传授学科知识，而是要把培养德智体美劳全面发展的人才作为高等教育的本质目标。这就要求高校在教学过程中不仅仅要注重知识的传授，更要注重思想品德、文化素养、创新精神、实践能力等方面的培养。只有这样，才能真正做到为

国家和人民培养有用之才，为国家和人民的繁荣发展作出贡献。

第二，高校要以服务社会和发展为使命，积极参与社会主义现代化建设。高校的发展不能仅仅满足学生的需求，还要适应社会发展的需要。高校应当以服务社会、服务发展为自己的使命，积极探索与社会需求相适应的人才培养模式。高校应当根据国家和地方发展的需要，合理设置专业和课程，培养符合市场需求的高素质人才，为推动社会主义现代化建设做出贡献。

第三，高校要积极落实立德树人的根本任务。高校应当以立德树人为根本任务，将学生的思想政治教育贯穿于教学过程的始终。高校应当注重学生的思想品德教育，帮助学生树立正确的世界观、人生观、价值观。高校应当培养学生的社会责任感和创新精神，让他们在成为有用之才的同时，也成为有道德、有责任、有担当的人才。

第四，高校要积极推进国际化进程，加强国际合作与交流。随着全球化的深入，高校应当积极推进国际化进程，加强与世界各地高校的合作与交流。高校应当积极引进优秀的国际教育资源，为学生提供更广阔的发展平台，同时也要将中国特色的教育理念和文化传播到世界各地，为促进世界和平与发展做出贡献。

第三节　强化课程思政与思政课程协同育人意识

"课程思政"与思政课程协同育人是新时代高校课程育人的新要求，"课程思政"在学生的思想政治教育中的重要作用和地位被重新唤起，推进"课程思政"就是要发挥思想政治理论课之外的各类课程的育人功能，那么如何实现各类课程与思想政治理论课形成协同效应，最为关键的是强化"课程思政"协同思政课的意识。

一、实施教育教学观念革命

实施教育教学观念革命是当前我国教育领域改革的一个重要任务，它对于推进教育现代化、提高人民群众的综合素质、培养德智体美劳全面发展的社会主义建设者和接班人，都具有极其重要的意义。教育教学观念革命，指的是对传统教育观念的全面更新，包括教育目的、教育方式、教育方法、教育内容等多个方面。

教育教学观念革命是新时代教育改革的重要内容，其核心是转变传统的教育观念和教学方式，推进教育向素质教育转变。教育教学观念革命要求教育从注重知识传授到注重学生的全面发展，从注重单向传授到注重双向交流，从注重考试成绩到注重学生综合素质的培养，从注重课堂教学到注重实践教学，从注重教师教学到注重学生自主学习等方面，都需要发生根本性的转变。

教育教学观念革命首先要强化育人导向，让教育真正成为培养德智体美劳全面发展的社会主义建设者和接班人的工具，而不是单纯地追求知识面的扩张和应试能力的提升。其次，要建立全员育人的教育体系，加强学校各级管理人员、教师、辅导员、学生等各方面的教育育人意识，从而形成全员育人的局面。第三，要推进课堂教学改革，提高教师教学质量和水平，让学生在课堂上能够积极参与，掌握知识技能，并能够灵活运用。同时，也要加强课外实践教学，让学生在实践中掌握知识和技能，增强综合素质。

为了实现教育教学观念革命，需要各方面的共同努力。教育部门应该引导教师进行教育教学观念的转变，推动课程改革和教学方法创新。教师应该注重学生的个性化发展，关注学生的全面成长，注重创新教学方法和教学手段，以更好地激发学生的学习兴趣和积极性，提高教学效果。此外，学生也需要积极参与教育教学观念革命，树立正确的学习态度和价值观念，不断完善自身的学习方法和能力，提高自主学习能力，使教育教学更符合现代化发展的需求。

第一，教育部门应该引导教师进行教育教学观念的转变。教育部门应该鼓励教师反思传统的教育教学模式，发展创新的教育教学理念和方法，推动课程改革和教学方法创新。教师要逐渐摒弃单一的知识传授，注重培养学生的创新能力和实践能力，引导学生探究问题，思考解决方法，注重培养学生的独立思考和判断能力。

第二，教师应该注重学生的个性化发展，关注学生的全面成长。教师应该充分尊重学生的个性，关注学生的兴趣爱好，尽可能地提供多样化的学习资源和方法，让学生在学习中体验到成功和成长的喜悦。此外，教师还应该注重学生的道德素质和社会责任感的培养，引导学生树立正确的人生观和价值观，培养学生的公民意识和社会责任感。

第三，教师应该创新教学方法和教学手段，以更好地激发学生的学习兴趣和积极性，提高教学效果。教师可以运用现代化的教学手段和技术，如在线教学、教学游戏、互动教学等，提高教学效率和教学质量。此外，教师还应该创新评价方式，注重评价学生的学习成果和能力，而非单纯的知识掌握程度。

第四，学生也需要积极参与教育教学观念革命，树立正确的学习态度和价值观念，不断完善自身的学习方法和能力，提高自主学习能力，使教育教学更符合现代化发展的需求。学生应该树立自主学习的意识，关注课程内外的知识，积极参与各种实践活动，拥抱多元文化，培养创新思维和实践能力，努力成为全面发展的现代人才。同时，学生还应该主动向教师反馈自己的学习体验和意见，为教师的教学改进提供参考，与教师共同推动教育教学观念革命的实现。

二、牢固树立"大思政"的教育观念

"大思政"教育是指以马克思主义为指导，贯彻立德树人根本任务，将思想政治教育贯穿于教育教学全过程，全面提高学生的思想政治素质，培养德智体美劳全面发展的社会主义建设者和接班人的教育理念。这一教育观念已成为当前中国高校思想政治教育改革创新的重要目标和任务之一。

牢固树立"大思政"的教育观念，需要从以下几个方面入手：

第一，加强思想政治教育课程建设，打造"大思政"的教育平台。高校要建立和完善思想政治理论课程体系，使思政课成为学生树立正确人生观、世界观、价值观的主阵地。同时，要注重思想政治教育课程与其他课程的融合，打造"大思政"的教育平台，让思想政治教育贯穿于教育教学全过程。

第二，建立完善学生思想政治素质评价体系，促进"大思政"的实现。高校要建立学生思想政治素质评价体系，通过对学生综合素质的考核，促进学生思想政治素质的全面提升，推进"大思政"的实现。

第三，注重学生思想政治教育与现实社会联系的紧密性，推进"大思政"的深入实践。高校要注重学生思想政治教育与现实社会联系的紧密性，使学生在实践中体会到思想政治教育的重要性和现实意义。例如，可以通过社会实践、志愿服务等形式，让学生深入社会，感受社会发展的脉搏，增强社会责任感和使命感。

第四，发挥教师的示范引领作用，推动"大思政"的全面实现。高校要发挥教师的示范引领作用，注重教师思想政治素质的提高，推动"大思政"的全面实现。同时，还要加强对青年教师的培养，提高他们的思想政治素质和教育教学能力，为"大思政"的实现奠定基础。

三、不断高校专业教师开展"课程思政"的能力

随着新时代高校思想政治教育的发展，实施"课程思政"成为了高校教育教学改革的重要内容，教师的思政素养和能力成为了关键。因此，高校应当注重专业教师开展"课程思政"的能力，提高教师的思想政治素养和教育教学水平，全面推进"课程思政"的实施。

首先，高校应当明确"课程思政"要求，构建"课程思政"评价指标体系。高校应当从课程目标、课程内容、教学方法、教学效果等方面出发，制定相应的评价指标体系，确保"课程思政"能够真正体现在教学实践中。

其次，高校应当加强教师思想政治素养的培养。教师作为高校教育教学的主体，其思想政治素养对于实施"课程思政"至关重要。高校应当通过各种途径，加强教师思想政治教育，提高教师的思想政治素养，增强教师的政治意识、责任意识和社会责任感。

第三，高校应当加强教师的教学能力培养。实施"课程思政"需要教师具备较高的教学能力，因此高校应当通过教师培训、教学交流等方式，提高教师的教学水平，使教师能够在课堂上更好地发挥"课程思政"的育人作用。

第四，高校应当加强对专业教师开展"课程思政"能力的考核与激励机制建设。高校应当建立相应的考核和激励机制，对于在"课程思政"实施中表现优异的专业教师进行表彰和奖励，同时也应当对于未能达到要求的专业教师进行帮助和指导。

最后，高校应当加强对"课程思政"实施效果的监测与评估。高校应当通过定期的教学评估、学生反馈等方式，对"课程思政"实施的效果进行监测与评估，及时发现问题并加以解决，确保"课程思政"真正发挥育人作用。

第四节　着力构建课程思政与思政课程协同育人机制

实现"课程思政"协同思政课程，建立健全完善的体制机制是保障。必须破解制约思想政治理论课以外各门课程协同思想政治理论课不力的体制机制障碍，激活协同的各个要素，构建聚焦新时代高校思想政治教育质量提升这一目标的大思政工作格局。

一、不断完善"课程思政"与思政课程协同育人的制度保障

当前，教育教学改革已经成为高校发展的必然趋势，而"课程思政"与思政课程协同育人则是当前高校教育教学改革的重要方向之一。为了实现"课程思政"与思政课程协同育人的目标，不断完善其制度保障是十分必要的。

（一）加强制度设计

要实现"课程思政"与思政课程协同育人，必须加强制度设计。高校应根据学科特点和学生需求，建立起系统的课程思政指导思想，制定出有针对性的教学计划、教学大纲和教材选用规定，落实教学质量评估和考核制度，形成全方位、多层次的制度保障机制。

（二）落实教师培训机制

教师是"课程思政"与思政课程协同育人的重要参与者，其能力水平和思想素质直接影响到协同效果。因此，高校应建立健全教师培训机制，加强教师思政理论学习和实践操作，推动教师教育教学观念的更新和转变，提高其"课程思政"与思政课程协同育人的专业化水平和教育教学能力。

（三）强化学生管理机制

学生是高校育人的主体和直接受益者，其学习态度和行为对"课程思政"与思政课程协同育人至关重要。为了落实"课程思政"与思政课程协同育人的目标，高校需要强化学生管理机制，建立健全学生考核评价制度，加强对学生的日常管理和引导，引导学生培养

正确的学习态度和价值观念，提高其学习能力和综合素质。

（四）推动校企合作机制

校企合作是高校与社会联系的桥梁，也是实现"课程思政"与思政课程协同育人的重要途径。高校应积极推动校企合作机制，将企业的实践经验和需求融入到"课程思政"和思政课程协同育人的教学中，培养学生的实践能力和就业竞争力，推动高校教育教学改革创新。

1. 校企合作的意义

校企合作是高校与社会联系的桥梁，对于高校的教育教学改革、科学研究和人才培养都具有重要意义。高校可以通过校企合作获取最新的技术和管理经验，为课程改革和教学方法创新提供现实基础和实践支持。同时，校企合作还能够帮助高校提高教学质量，提升学生的实践能力和就业竞争力，使学生更好地适应社会发展的需求。

2. 推动校企合作机制的建立

（1）加强高校与企业之间的联系和沟通

高校应该积极与企业建立联系，了解企业的实践经验和需求，并通过交流沟通、实地调研等方式加深双方的了解和合作。同时，高校应该建立校企合作机构，加强与企业的沟通和协调，制定校企合作计划和实施方案。

（2）推动校企合作的教育教学改革

高校可以将企业的实践经验和需求融入到课程设计和教学内容中，推动校企合作的教育教学改革。同时，高校可以通过企业实践基地、实习实训等方式，让学生接触真实的工作环境和职业要求，提高学生的实践能力和就业竞争力。

（3）加强师资队伍建设

高校需要加强师资队伍的建设，提高教师的专业能力和实践经验，以更好地开展校企合作。高校可以通过聘请企业专家和工程师担任兼职教师、提供教师进企业实践的机会等方式，增强教师的实践经验和教学能力。

（4）建立校企合作的激励机制

高校需要建立校企合作的激励机制，鼓励教师和学生积极参与校企合作，并给予相应的奖励和荣誉。同时，高校还可以通过资助校企合作项目、设立专项基金等方式，提高校企合作的积极性和成效。

二、不断完善"课程思政"协同思政课程的监督体系

建立完善的"课程思政"协同思政课程的监督体系，不仅有助于及时发现问题并加以解决，也能够提高教学质量，为学生的思想政治教育提供更有效的保障。下面从监督体系

的建立、评估方式和结果运用三个方面进行探讨。

（一）监督体系的建立

建立"课程思政"协同思政课程的监督体系，需要有完善的监督机制和监督流程。在监督机制上，可设立专门的监督机构或监督小组，负责对"课程思政"和思政课程的教学情况进行监督，定期收集和整理学生的思想政治表现，及时掌握教学情况，开展教师教学的督导和评估工作。监督小组可以由校内教学督导部门、学科负责人、思政课程教师等人员组成，具有专业性和权威性。

在监督流程上，应该制定相应的监督方案和流程，包括监督目标、内容和要求，监督方式和频次，监督结果反馈等。监督方案和流程应该与学校的教学管理体系和教学质量评估体系相结合，形成科学、规范的监督机制，以确保"课程思政"协同思政课程的实施效果。

（二）监督体系的评估方式

评估是对"课程思政"协同思政课程实施效果的量化分析和综合评价，通过评估可以了解教学过程中的强项和薄弱项，及时发现问题并加以解决。评估方式主要包括问卷调查、实地考察、教学成果分析等多种方法，下面分别进行介绍。

1. 问卷调查

问卷调查是一种常见的评估方式，通过向学生、教师、家长等对象发放问卷，了解他们对教育教学质量、教学方法、课程设置等方面的意见和建议。问卷调查需要具有科学性和客观性，问题设置要准确、针对性强，同时要注意保证学生的隐私和个人信息的安全。问卷调查结果的分析和整理，可以帮助学校和教师了解学生的需求和意见，及时进行教学改进和优化。

2. 实地考察

实地考察是一种直接观察和评估教学过程和效果的方法，通常需要教育专家或督导组前往学校实地观察和评估教育教学情况。实地考察可以帮助学校和教师全面了解教学过程和效果，发现存在的问题和瓶颈，及时采取改进措施和优化教学环境，提高教育教学质量和效果。

3. 教学成果分析

教学成果分析是一种通过学生成绩、作品等评估教育教学效果的方法。学生成绩是评估教育教学成果的重要指标之一，可以直观反映教学效果和学生学习成果。除了成绩，学生的作品、论文、科研成果等也可以反映出学生在教育教学过程中的表现和学习效果。教学成果分析可以帮助教师和学校了解学生的学习状况和表现，及时发现和解决存在的问题，优化教学环境和教学方法，提高教育教学质量和效果。

（三）监督体系的结果运用

监督体系的结果运用可以分为内部运用和外部运用两个方面。

内部运用主要是指教学部门或教师个人将监督结果用于自我评估和改进。通过监督结果的反馈，教师或教学部门可以了解教学中存在的问题和不足，针对性地进行改进和调整，提升教学质量，促进学生的全面发展。

外部运用主要是指监督结果向外界公开和运用，主要体现在以下几个方面：

第一，向学生和家长公开监督结果，增强学生和家长对教育教学质量的信心和认可度，同时也促进学生和家长对学校的满意度和信任度。

第二，向学校领导层汇报监督结果，为学校领导层制定更好的教育教学政策和管理措施提供数据支撑。

第三，向社会公众公开监督结果，加强学校和社会之间的联系和沟通，提升学校的社会形象和声誉。

第四，作为教育教学质量评估的重要依据，为教育部门制定更好的教育政策和改革措施提供参考依据。

三、不断强化高校教师"课程思政"的主体作用

（一）强化专业教师的"课程思政"意识，教书、育人不可偏废

学高为师，身正为范，教师队伍素质的高低是确保"课程思政"与思政课程协同的人才资源保障。引导专业课程教师强化"课程思政"的主体意识，是高校顺利推进"课程思政"改革创新的前提。

为了引导专业课程教师强化"课程思政"意识，可以从以下几个方面着手。第一，应引导高校专业课程教师充分认识"课程思政"与专业教学的辩证关系以及实施"课程思政"的重要性。在专业课程教学中，适时穿插"课程思政"，不仅能够进一步帮助学生明确学习目的、增强学习动力，还能帮助学生深入理解教师所教授的专业知识，并善于运用所学知识服务社会。实施"课程思政"不会冲击专业教学，反而有助于促进专业教学，增强教学效果。第二，应引导高校专业课程教师准确把握"教书育人"的科学内涵。教师的"教书"和"育人"是两个紧密联系的方面，不可偏废。因此，需要开展经常性的高校教师职业教育，引导高校教师准确把握"教书育人"的科学内涵，自觉履行"教书育人"的职责。第三，应引导高校教师强化"课程思政"主体意识。在实施"课程思政"的过程中，教师不是"课程思政"的旁观者，而是责任主体。要通过制度约束和教育引导强化

教师的"课程思政"主体意识。只有教师真正认识到自己在"课程思政"中的重要作用和责任，才能有效推进"课程思政"改革创新。第四，引导高校专业课程教师不断更新知识和教育教学理念。在推进"课程思政"的过程中，教师需要不断更新知识和教育教学理念，不断探索适合自己教学特点和学生需求的"课程思政"方式和方法。教师需要积极参加专业培训和教育教学研讨活动，开展教学实践研究，不断提高自身"课程思政"能力和水平，为高校的教育教学质量和人才培养质量提供有力的支持。

（二）提升教师挖掘专业课程的思政资源的能力

思想政治理论课以外的其他课程也蕴含丰富的思想政治教育资源，这些资源与专业课程密切相关。例如，自然科学中的科学原理不仅揭示了自然现象的发展规律，还包含了先辈们的创新精神、探索精神和使命意识。同时，自然科学中的某些原理同样适用于社会科学和国家社会治理，比如，生态学的相关理论。生态学原本揭示的是自然现象和规律，但现在已广泛运用于社会科学和社会治理领域，并出现了"政治生态""人文生态""社会生态"等概念。这些专业课程的资源是实施"课程思政"的宝贵资源，需要教师具备慧眼识珠、深度挖掘的能力和水平。因此，教师是挖掘专业课程中思政资源的关键，其能力和水平直接决定"课程思政"建设水平和协同思政课程的程度。

在高校教育中，所有的课程都应该将思想政治教育资源充分挖掘出来。然而，在非思政类课程中，教师们往往忽略了思想政治教育，认为这是思想政治理论课和相关教师的职责，与自己的专业教学无关，这种"无关论"甚至导致了一些教师的抵触情绪，直接影响了"课程思政"的推进。因此，必须扭转这种错误认识，充分认识到实施"课程思政"是党中央加强和改进高校思想政治工作的一项战略部署。引导广大高校教师强化政治意识，提高政治站位，从讲政治的高度认识"课程思政"，自觉将专业知识教育与思想政治教育融为有机的整体，将有助于推进"课程思政"的开展。在今天，学科专业分类不断丰富，各类课程资源也日益丰富，其中蕴含的思想政治教育资源更是丰富多彩，各具特色，需要教师们去挖掘和开发。

回顾教育发展史，有影响的教育家们都非常注重将思想政治教育深度融入专业教学中。所有学科本质上都应该从心智启迪时开始。实施"课程思政"不仅有丰富的资源，还拥有广泛的领域，能够从不同领域丰富和拓展传统的思想政治教育，特别是能够为思想政治理论课程提供有力的补充。引导广大高校教师挖掘专业课程的思政资源，首先需要引导和强化教师的职业意识，即强化教师的理想信念、道德情操、扎实学识和仁爱之心。高校教师需要按照"四有好老师"的要求塑造自己，这样才能够激发挖掘专业课程资源的积极性，主动开展"课程思政"。其次需要培养专业课程教师的思政意识，教师需要传授知识的同时，也要育人，为学生思想政治教育提供指导和支持。教师必须激活自己的思政意识，才能够推进"课程思政"，并与思政课程协同发展。最后，需要拓展专业课程教师的学科视野，因为思想政治教育是一门综合性很强的学科，需要多学科知识的积累。教师需要深入了解国家大政方针、社会现实和学生思想状况等方面，这样才能够顺利地开展"课程思政"。

（三）实施"课程思政"的示范带动工程

实施"课程思政"的示范带动工程，是深入推进新时代高校思想政治教育改革的一项重要举措。该工程旨在通过选取优秀的教师和课程进行示范，引领广大高校教师从"思政弱化"到"思政全面"，从"课程单薄"到"课程丰富"，推进全面从严治党和思想政治工作创新发展。

1. 实施"课程思政"的示范带动工程的意义

实施"课程思政"的示范带动工程，有以下几个方面的意义：

（1）推动高校思想政治教育改革的深入发展

高校思想政治教育改革是实现高等教育内在要求的需要，也是适应时代要求的必然。实施"课程思政"的示范带动工程，能够推动高校思想政治教育改革的深入发展，加强师生的思想政治教育，强化学生的思想道德修养，为学生成长提供思想保障，推进高校全面从严治党和思想政治工作创新发展。

（2）提高高校教师的思政能力和水平

高校教师是学生思想政治教育的重要承担者，也是高校思想政治教育改革的中坚力量。实施"课程思政"的示范带动工程，能够提高高校教师的思政能力和水平，加强高校教师的思想政治教育意识，培养高校教师的思政教育能力和实践能力，为高校思想政治教育改革提供坚实的师资保障。

（3）拓宽课程思政的内涵和广度

实施"课程思政"的示范带动工程，能够拓宽课程思政的内涵和广度，让思想政治教育走进所有课程，让所有课程都蕴含着思想政治教育的内容。通过选取优秀的教师和课程进行示范，引领广大高校教师从"思政弱化"到"思政全面"，从"课程单薄"到"课程丰富"，丰富和拓展课程思政的内涵和广度。

（二）实施"课程思政"的示范带动工程的实施步骤和策略

1. 确定示范课程和示范教师

通过广泛征求意见、调研和评估，选取出一批在专业课程中注重思想政治教育、教学效果突出的教师和课程作为示范。

2. 建立示范课程和示范教师的宣传推广平台

通过高校内部、媒体宣传等渠道，对示范课程和示范教师进行宣传推广，让更多的教师和学生了解和认识到"课程思政"的重要性和必要性。

3. 制定和推广"课程思政"教学指南

建立"课程思政"教学指南，以示范课程和示范教师为标杆，制定教学指南和教学方案，为广大教师和课程的思政教育提供指导和支持。

4. 组织"课程思政"教育培训

针对广大教师和课程的思政教育需求，组织"课程思政"教育培训，加强教师的思政教育理论学习和实践操作能力。

5. 建立"课程思政"教育质量监测体系

建立"课程思政"教育质量监测体系，对示范课程和示范教师进行教学效果和质量的评估和监测，及时纠正和改进工作。

6. 推进"课程思政"课程建设

通过示范带动，推进"课程思政"课程的建设和完善，提升课程的思想政治教育质量和水平，让思想政治教育走进所有课程，让所有课程都蕴含着思想政治教育的内容。

（三）实施"课程思政"的示范带动工程的保障措施

1. 制定配套政策

制定相应的政策法规，规范课程思政的实施标准、责任和评估等方面。政策的制定应该明确示范带动工程的具体目标、实施步骤和工作机制，同时也需要考虑到教师的意愿和课程特点，尽可能提供便利和激励。

2. 加强组织领导

建立专门的组织机构，负责协调推进示范带动工程的实施。组织机构可以由高校党委书记或校长担任领导，成立由各学科、职能部门、教师代表等组成的领导小组，制定实施方案，统筹资源，推动工程的实施。

3. 完善培训机制

加强教师培训，提高教师的思政意识和课程设计能力，使其更好地把思政教育融入课堂。培训内容包括：课程思政理念、课程思政的设计、课程思政的实施方法等。培训方式多样，可以是集中培训、分散培训、网络培训等形式，旨在让教师在熟练掌握相关理论知识的同时，积极探索和创新教学实践。

4. 强化监督检查

建立健全的监督检查机制，对示范带动工程的实施效果进行全面评估。监督检查内容包括：教师课程设计、教学效果、学生反馈、社会评价等方面。监督检查应该是全程跟踪和全方位的，及时发现和解决问题，对于表现突出的教师和课程应当予以表彰和奖励。

5. 营造良好氛围

建立良好的教学环境和氛围，让教师们感受到"课程思政"的积极意义和成就感。高校应该加强宣传教育，增强广大教师的思政意识和课程思政的重要性，同时鼓励教师在课程设计和教学过程中融入思想政治教育内容，并对教师进行培训和指导，提高教师思政能力和课程思政水平。

第七章　高校课程思政存在的问题与对策

高校课程思政发展至今已经取得了一些显著的成就，但在课程思政建设过程当中仍然存在许多问题，如果不及时寻找解决问题的对策，那么经过经年累月的堆积，这些问题势必如"蛀堤之白蚁"对高校课程思政的建设和发展，产生不可预测的负面影响。而发展中存在的问题包括许多方面，如高校没有真正形成协同意识、课程思政管理体系建设不够完善、部分教师素质和能力欠缺等，只有深度分析存在的问题和原因，才能够进一步为高校课程思政发展建设提出具体可行的指导性建议。

第一节　课程思政存在的问题

一、高校课程思政制度建设不够完善

首先，缺乏健全的管理体系。高校在实施课程思政时，缺乏一套健全的管理体系，使得课程思政建设工作缺乏指导和监督，难以形成长效机制，教师们也难以在实践中更好地掌握和应用课程思政的方法和技巧。

其次，制度设计不够完善。当前，高校在课程思政制度设计方面仍存在许多不足，比如缺乏有效的激励机制、考核机制和惩戒机制，难以对教师在课程思政方面的表现进行有效的评估和激励，也难以对违反课程思政要求的教师进行有效的惩戒。

最后，缺乏多元化的课程思政模式。高校在课程思政模式上仍然过于单一，缺乏多元化的思想教育模式。特别是在实践教学中，很少涉及到社会实践和实习等形式，也缺乏与社会组织合作的机制，难以使学生在实践中更好地理解和应用课程思政中的理论知识。

二、部分高校缺乏协同育人意识

协同育人是高校教育的一个重要目标，旨在通过整合各方面资源，协同育人工作，提高学生思想政治教育的效果。然而，一些高校在课程思政建设中仍然存在"各自为政"的现象，缺乏协同育人的意识和行动。

其中一个原因是高校内部组织架构和管理体制的不完善。一些高校没有明确的课程思政管理部门或职责，各部门之间协调不畅，缺乏有效的合作机制，导致各自为政，缺乏协同育人意识。

另外，一些高校在聘任教师时过于注重学术能力和研究成果，忽视了教育教学和思想

政治教育的能力和素质。这导致一些教师缺乏思想政治教育的意识和能力，难以在课程教学中发挥思政育人的作用，也难以与其他教师形成协同育人的合作。

三、部分教师的素质和能力欠缺

一是教师思想政治素养不高。一些教师对思想政治教育的认识比较浅显，甚至认为思政教育只是某些职业教育、专业教育或理论课程中的附带内容，缺乏从全局和长远的角度认识思想政治教育的重要性，无法深刻把握思想政治教育的内涵和外延。

二是教师专业素养不够。随着社会发展和科技进步，高等教育的教学内容和形式不断更新和变化，要求教师具有更高的学科素养和专业能力。但现实中，部分教师专业素养不够，不能适应学科教育和思政教育的发展需要，不能够在专业教学中很好地融入思想政治教育的内容。

三是教学方法和手段不够灵活多样。现代高等教育注重教学方法和手段的创新，要求教师要灵活运用多种教学手段和方法，提高教学效果。然而，一些教师缺乏教学创新意识和方法，对新的教学理念和技术不能很好地适应和应用，影响了课程思政的实施和推进。

四、各类课程教学缺乏协同育人平台

首先，缺乏协同育人平台会导致思想政治教育资源的浪费。在各类课程教学中，往往会包含一定的思想政治教育资源，但如果缺乏协同育人平台，这些资源很难被有效利用，从而浪费掉了很多宝贵的教育资源。而如果有了协同育人平台，各个课程教学之间就能够互相借鉴、补充，发挥各自的优势，形成资源共享、协同育人的良好局面，从而最大限度地发挥思想政治教育资源的作用。

其次，缺乏协同育人平台会导致思政教育的单一化。如果各类课程教学缺乏协同育人平台，很容易导致思政教育的单一化，也就是说，思政教育只能在思政课上进行，而其他课程教学则只注重专业知识的传授，忽略了对学生思想政治素质的培养。这样会导致思政教育变得单调枯燥，学生对其失去兴趣，同时也会限制学生的思想发展。

最后，缺乏协同育人平台会影响高校整体育人水平的提升。在当前高校教育发展中，提升整体育人水平已经成为一项重要的任务。而缺乏协同育人平台，会导致各类课程教学无法在育人方面形成合力，从而影响高校整体育人水平的提升。只有建立协同育人平台，将各类课程教学整合起来，形成育人合力，才能够实现高校整体育人水平的提升。

五、缺乏考核评价体系

首先，高校缺乏统一的考核评价标准。在不同学科、不同课程中，课程思政的实施方式和效果都会有所不同，因此需要一个针对性强的考核评价体系，根据不同课程的特点和教学目标制定不同的考核评价标准。然而,目前很多高校缺乏统一的考核评价标准,导致很难对课程思政的实施和效果进行科学的评估和监督。

其次,高校缺乏专门的课程思政评估机构和人员。课程思政工作需要专门的机构和人员负责评估和监督,但是在很多高校中,这方面的人员和机构建设还不够完善,导致评估和监督工作的不足和不精准。如果没有专业的评估机构和人员,那么评估工作可能会因为缺乏专业知识和经验而产生误差,影响评估结果的准确性和可信度。

最后,缺乏科学、客观的评估方法和工具。在课程思政评估过程中,需要采用科学、客观的评估方法和工具,以确保评估结果的准确性和可信度。然而,在很多高校中,评估方法和工具缺乏科学性和客观性,评估结果容易受到主观因素的影响,导致评估结果不够科学和客观。

第二节　课程思政存在问题的原因分析

一、思想观念不够深刻

第一,思想观念不够深刻的原因在于高校对于课程思政建设的认识和理解还存在差异。部分高校仍将课程思政作为传统的思想政治教育的延续,认为其主要目的是进行意识形态的灌输。而实际上,课程思政更应该是一种现代教育的手段和方法,其目的在于培养学生的思想品德,提高学生的社会责任感和创新能力。这种思想观念的差异会直接影响到高校对于课程思政建设的理解和实践,使得一些高校在课程思政建设过程中偏重于灌输和强化意识形态的作用,而忽略了对学生思想品德和能力的培养。

第二,思想观念不够深刻的原因在于一些高校对于课程思政教师的要求不够明确。由于课程思政教学涉及多个学科领域,因此需要有一支高素质的教师队伍来支撑其发展。然而在实际操作中,一些高校对于课程思政教师的要求并不够明确,对于教师的招聘、培训和评价等方面存在不少问题。有些高校将课程思政教学的任务仅仅分配给原有的思政课教师,忽视了对于学科教师的重视,也没有对于课程思政教师的岗位职责和素质要求进行充分明确和具体化。这导致了一些教师在课程思政教学中缺乏深入的思考和理解,缺乏相关的知识和技能,难以胜任相应的岗位。

第三,思想观念不够深刻的原因在于部分高校对于课程思政建设的重视程度不够。虽然当前高校课程思政建设已经得到了广泛的关注和支持,但是在实际操作中,还存在一些学校对课程思政建设的重视程度不够,认为其仅仅是形式,或者是将其看作是一个政治任务,而没有真正认识到其对于高校教育教学工作的重要性。这种观念淡薄的现象导致了部分高校在课程思政建设中的投入和执行不够到位,影响了其效果和质量。

二、理论与实践脱节

第一，一些高校课程思政建设缺乏对实际情况的了解和分析，导致教学内容过于理论化，缺乏针对性和实际操作性。一些高校课程思政的理论体系建设虽然严谨，但并未充分考虑到实际教学环境和学生的现实需求。因此，很多学生对于课程思政的内容和意义认识不够深刻，甚至存在理解偏差。

第二，一些高校在课程思政教学实践中缺乏有效的教学方法和手段，导致课程思政的理论与实践之间的脱节。一些高校仅仅停留在理论讲解和知识传授的层面，缺乏对于实际生活和社会问题的深度剖析和讨论。这种做法不仅难以引发学生的思考和兴趣，更容易导致课程思政理论和实践脱节。

第三，一些高校教师的教学能力和素质有待提高，导致理论与实践之间的脱节。一些高校的教师缺乏足够的教学经验和教学技能，无法有效地将理论知识转化为实际应用能力，更难以引导学生深入理解和思考。在这种情况下，课程思政教学容易出现理论与实践脱节的问题。

第四，一些高校缺乏与社会实际需求相契合的课程思政教育内容，导致理论与实践之间的脱节。一些高校将课程思政理论和现实社会脱节，教学内容与社会现实脱节，不仅容易引发学生对课程思政的不理解和反感，更难以实现高校课程思政建设的实际效果。

高校课程思政教学中存在理论与实践之间的脱节问题，其原因在于课程思政教学中重视理论教学，但是忽视了实践教学。具体表现为，高校在课程设计和教学过程中，缺乏真实的实践环节，让学生不能深刻体验课程思政的理念和要求。这种理论与实践脱节的现象不仅影响了学生的综合素质培养，还使得高校课程思政的发展出现了一些不利因素。

（一）理论与实践脱节直接影响了学生的思想教育效果

学生只停留在理论层面的学习和理解，缺乏实践基础和实践体验，难以深入理解和领会课程思政的理念，也难以将所学知识与实际生活相结合，从而难以形成深刻的思想观念。此外，只有通过实践教学，才能培养学生的创新思维能力和实践能力，这也是高校课程思政教育的重要目标之一。

（二）理论与实践脱节还会直接影响教师的教学效果

高校教师在教学过程中，如果没有真实的实践环节，很难将理论知识转化为实际操作技能，更难以将课程思政的理念与实践相结合，从而使教学效果无法达到预期目标。此外，缺乏实践教学还会导致教师的教学内容单一、缺乏创新，从而影响学生的学习兴趣和主动性。

（三）理论与实践脱节也直接影响了高校课程思政的发展方向和实际效果

高校课程思政的建设和发展必须与社会实际需求和学生实际生活相结合，这就要求高校在课程设计和教学过程中必须有真实的实践环节，让学生真正感受课程思政的实际意义和作用。如果理论与实践脱节，高校的课程思政教育很难与时俱进，适应社会变化和学生需求的变化，从而影响课程思政教育的实际效果。

三、缺乏有效的课程思政管理和服务

（一）缺乏课程思政管理体系

一方面，在很多高校中，课程思政管理体系建设不够完善，没有形成完备的管理制度和规范化的管理流程。这导致了课程思政工作的无序性和不稳定性，使得教学资源的分配和利用难以有效地协调和管理。此外，缺乏科学合理的考核评价体系也是管理体系建设不够完善的一个表现。在缺乏有效的考核评价体系的情况下，教师的教学效果和学生的学习成果难以得到充分的认可和评价，这会导致课程思政教学的效果和质量无法得到保障。

另一方面，在高校课程思政建设中，对于学生的需求和教师的支持，尤其是对于学生的需求，往往没有得到足够的重视和关注。在现实生活中，学生所面临的压力和困境是多方面的，包括学习、生活、心理等各个方面。而课程思政建设的目的之一就是要关注学生的全面发展和健康成长。因此，为学生提供有效的课程思政服务，帮助他们解决现实问题，是非常重要的。同时，对于教师的支持也同样重要。教师需要得到充分的支持和指导，以便更好地开展课程思政教学工作。

（二）缺乏专业化的课程思政服务

1. 高校对课程思政服务的重视程度不够

在高校课程思政发展的初期，许多高校并没有意识到课程思政服务的重要性，因此在课程思政服务方面的投入较少，课程思政服务团队建设和服务手段的创新也不够。此外，一些高校在课程思政服务方面还存在"短视"现象，只注重眼前的工作，忽略了对未来课程思政发展的规划和布局。

2. 高校缺乏专业的课程思政服务团队

当前，高校中缺乏专业化的课程思政服务团队，往往由一些行政人员或教师兼职完成。这些人员虽然具有一定的行政管理能力和教学经验，但缺乏专业的课程思政服务能力和知识储备，无法提供全方位、专业化的课程思政服务支持。

3. 高校课程思政服务方式和手段单一

当前，高校的课程思政服务方式和手段比较单一，主要以传统的教学方式为主，如组织讲座、研讨会等。这种服务方式和手段缺乏创新性和针对性，难以满足不同层次、不同需求的课程思政服务需求。

（三）缺乏对教师的支持和培训

在当前的教育环境下，一些高校对于教师培训和支持的重视程度还不够，导致了一些教师在课程思政教学中缺乏有效的支持和指导，教学质量难以得到有效提升。

1. 部分高校在教师培训制度方面存在不足

一些高校在教师培训计划的制定上存在困难，缺乏全面系统的培训内容和合理安排，难以满足教师在课程思政教学方面的需求。同时，一些高校在培训形式上缺乏多样性，只有传统的面授和讲座，无法满足教师多样化的培训需求。这些问题导致了部分高校教师参与培训的积极性不高，培训效果不尽如人意。

2. 一些高校在教师支持方面也存在问题

一些高校没有为教师提供良好的工作环境和条件，教师的工作压力大、工作量大、待遇不高，难以为教师提供必要的支持和帮助。此外，一些高校也缺乏对教师的考核和激励机制，没有建立起完善的教师激励体系，难以提高教师的积极性和工作热情。

3. 一些高校还存在着教师培训和支持资源的不足问题

一些高校缺乏专业化的培训机构和人员，无法为教师提供高质量的培训和指导服务。同时，一些高校在课程思政教学方面缺乏优秀的师资力量，难以为教师提供高质量的指导和支持，导致教师缺乏对教师的支持和培训是高校课程思政教育面临的一个重要问题。高校课程思政的发展需要大量的教师参与，而教师的能力和素质对于课程思政的实施和发展起着至关重要的作用。然而，在实践中，很多高校并没有为教师提供足够的支持和培训，这导致了一些教师在课程思政教学过程中面临很多困难。

首先，部分高校对于课程思政的重视程度不够，缺乏对教师在课程思政教学方面的支持。一些高校仍然将课程思政视为一门附加课程，对于教师参与课程思政教学并没有给予足够的支持和关注。这样，教师在课程思政教学中遇到问题时，缺乏得到高校的支持和帮助，导致问题难以得到解决。

其次，缺乏专业化的课程思政培训和支持。课程思政是一门新课程，其教学内容和方法都需要教师进行专业化的学习和掌握。然而，目前很多高校并没有为教师提供专业化的培训和支持，导致了很多教师缺乏对课程思政教学的认识和理解。这也直接导致了教师在课程思政教学中的不确定性和困惑。

最后，一些高校在教师培养和培训的支持力度不够，对教师培训费用投入不足，也没有充分考虑各学科教师在专业、时间等方面的差异性。这导致了高校教师在课程思政教学方面缺乏必要的支持和培训，进而也影响了课程思政教学的质量和效果。

（四）缺乏有效的课程思政评估机制

首先，缺乏评估标准和方法是课程思政评估机制缺失的主要原因之一。由于课程思政的特殊性和复杂性，评估标准和方法应该具有科学性、可操作性和可比性，但是许多高校目前并没有制定明确的评估标准和方法，导致评估结果不可靠，难以为课程思政提供有效的改进方向。

其次，缺乏专业的评估团队和机构也是造成课程思政评估机制不完善的原因之一。对于高校来说，构建专业的评估团队和机构是必要的，因为他们可以对课程思政的教学质量、教学效果以及学生思想政治素质进行全方位的评估，为课程思政提供科学的参考和改进方向。然而，目前有些高校缺乏专业的评估团队和机构，评估结果可能会受到主观因素和局限性的影响，难以为高校提供有效的课程思政改进方向。

此外，缺乏课程思政评估结果的反馈和应用也是造成评估机制不完善的原因之一。课程思政评估不仅要求对课程思政质量进行科学评估，还需要将评估结果及时反馈给教师和学校管理者，以便及时改进教学质量。但是，目前有些高校对评估结果的反馈和应用并不及时，评估结果可能被忽视或未被充分利用，这也影响了课程思政评估的效果和意义。

四、教育资源配置不均

（一）教学设施和资源分配不均

高校课程思政建设中，不同学院和不同专业的教学设施和资源分配存在明显差异，一些学院和专业获得了大量教学设施和资源的投入，而另一些学院和专业则非常缺乏教学设施和资源。这种现象导致了一些学生在课程思政教育方面的学习体验和效果不同，从而影响了整个高校课程思政教育的质量和效果。

（二）师资力量和资源分配不均

高校在课程思政教育的师资力量和资源分配上也存在明显的不均衡现象。一些学院和专业拥有大量的优秀教师资源，而另一些学院和专业则缺乏优秀的教师资源。这种情况导致了一些学生在课程思政教育中的教学质量存在差异，从而影响了整个高校课程思政教育的质量和效果。

（三）教学课程和资源分配不均

高校课程思政教育中，教学课程和资源的分配也存在不均衡的现象。一些学院和专业获得了大量的课程和资源的投入，而另一些学院和专业则非常缺乏课程和资源。这种现象导致了一些学生在课程思政教育中的学习内容和质量存在差异，从而影响了整个高校课程思政教育的质量和效果。

第三节 课程思政存在问题的对策

一、高校领导要增强对课程思政建设的意识

（一）高校领导应该加强对课程思政的理解和认识

他们需要深刻认识到课程思政的重要性，明确其作用和意义，并且要把课程思政建设作为学校各项工作的重要组成部分，加强对课程思政建设的指导和管理。

（二）高校领导应该注重提高教师队伍的素质

他们需要重视教师的培训和发展，提供更加专业的培训课程和发展机会，使教师在课程思政教学方面具有更加全面和专业的知识和技能，能够更好地开展课程思政教学工作。

（三）高校领导要加强对课程思政建设的资金投入

课程思政建设需要充足的资金支持，包括教材、课件、实验室等各方面的设施和设备。高校领导应该根据学校实际情况合理调配资金，保证课程思政建设的顺利进行。

（四）高校领导要创造良好的课程思政建设环境

他们需要为教师提供更加优越的教学环境和资源，鼓励教师开展教育教学改革和创新，提高教学效果。同时，高校领导也要积极营造浓厚的思想文化氛围，倡导学术自由和创新精神，激发教师的创造力和热情。

（五）领导应该积极参与课程思政建设工作，带头开展课程思政教学工作

高校领导应该深入教学实践，了解教学情况，与教师共同探讨教学改革和创新，为课程思政建设提供有力的支持和指导。

1. 树立正确的思想观念

高校领导应该树立正确的思想观念，认识到课程思政建设的重要性，把思政教育放在高校工作的重要位置，积极推进课程思政教学工作。

2. 制定具体的规划

高校领导应该制定具体的课程思政建设规划，为课程思政教学工作提供明确的方向和目标。规划要包括教学目标、教学内容、教学方法、教学评价等方面的内容。

3. 加强师资队伍建设

高校领导应该加强对教师的培训和指导，提高教师队伍的素质，引导教师全面深入地了解和认识课程思政教学工作，切实提高教学水平。

4. 加强对学生的引导和关注

高校领导应该加强对学生的引导和关注，积极推动学生思想政治教育工作，为学生提供更加丰富的思政教育资源和服务。

5. 加强课程思政教学的评估和监控

高校领导应该加强对课程思政教学的评估和监控，制定具体的评估标准和方法，全面了解和掌握课程思政教学的情况，及时调整和完善课程思政教学工作。

6. 建立激励机制

高校领导应该建立激励机制，为课程思政教学工作中的优秀教师和学生进行表彰和奖励，促进教师和学生积极参与课程思政教学工作，激发他们的工作热情和创造力。

7. 加强协作与合作

高校领导应该加强协作与合作，与其他高校和相关机构建立合作关系，开展课程思政教学工作的交流和合作，共同提高课程思政教学的水平和质量。

二、优化课程思政内容和教学方法，提高课程思政的实效性和针对性

（一）创新课程思政内容，提高针对性和实效性

1. 注重课程思政内容的时代性

时代在不断变化，教育的内容和方式也必须随之改变。高校课程思政也需要根据时代变化进行调整和更新，注重时代性，紧跟时代发展的步伐，深入挖掘时代精神内涵，反映时代特征，为学生提供新时代人才培养的知识、能力和品质。

2. 加强对现实问题的关注

课程思政应该关注当下社会面临的现实问题，提出应对问题的解决方案。学生通过对现实问题的研究，能够增强社会责任感，提升社会参与能力，使其更好地融入社会。

3. 强调跨学科整合

在课程思政的内容创新中，需要强调跨学科整合。不同学科之间可以相互借鉴，创造

出更具有针对性的内容。通过跨学科整合，可以提高课程思政内容的综合性和实用性，使其更具有启发性和引领性。

4. 强调实践和案例

课程思政的内容创新需要重视实践和案例。课程思政内容应当紧密结合实际，结合具体案例进行讲解，让学生更好地理解和掌握课程思政的内容。同时，也需要注重实践环节，通过实践活动，让学生能够将课程思政的内容转化为实际行动，增强其实践能力。

5. 引入新的教学方法和手段

创新课程思政内容还需要引入新的教学方法和手段。教学手段的多样性可以帮助学生更好地理解和掌握课程思政内容，提高学生的学习兴趣和学习效果。在教学手段的选择上，可以运用多种形式，如课堂讨论、分组研讨、主题报告、案例分析等。

（二）探索新的课程思政教学方法，增强互动性和参与性

传统的课堂教学模式往往是由教师单向传授知识，而学生则被动接受，这种模式容易导致学生的思想和创新能力受到限制。因此，为了更好地发挥课程思政的作用，需要采取新的教学方法，提高互动性和参与性。

首先，采用案例教学法可以增强学生的实践能力和问题解决能力。通过真实的案例来进行教学，学生可以更好地了解课程思政的实际应用，同时也能够提高学生的思辨能力和判断能力。同时，案例教学法还可以引导学生思考社会现实问题，帮助学生更好地理解社会发展的方向和目标。

其次，采用小组讨论的教学方法可以增加学生之间的互动和交流，提高学生的参与度。教师可以将学生分成小组，让他们讨论和探究某一个课程思政的问题，然后进行展示和交流。这种教学方法可以让学生更好地参与到课程思政的讨论和研究中来，增强学生的思考和交流能力。

此外，还可以采用互联网和多媒体技术，开展网络教学和远程教学。这种教学方法可以更好地满足学生的学习需求，提高学生的参与度和学习效果。通过网络教学和远程教学，学生可以根据自己的时间和地点自由选择课程，同时也可以更好地利用多媒体技术进行交互式教学，增强学生的学习体验和效果。

探索新的课程思政教学方法，增强互动性和参与性，可以更好地发挥课程思政的作用，促进学生的全面发展。通过采用案例教学法、小组讨论、互联网和多媒体技术等多种教学方法，可以提高学生的思辨和创新能力，增强学生的参与度和学习效果，从而为课程思政的发展和建设提供有力支持。

三、完善课程思政管理机制，提高管理效能和服务质量

（一）建立健全课程思政管理机制，规范管理流程

1. 建立课程思政管理规章制度

高校需要制定相应的规章制度，对课程思政工作的开展进行规范和约束。这些规章制度应该包括思政教育工作的目标和任务、课程思政教学的标准、教学质量评估标准、教师培训和评价标准、学生管理与服务等方面的要求。此外，规章制度的制定和实施也需要考虑到高校的特殊情况，采取灵活的措施，确保制度的可操作性和可持续性。

2. 建立课程思政管理流程

高校需要建立课程思政工作的管理流程，规范课程思政工作的开展，确保教学质量的提高。这些管理流程应该包括思政教育工作计划的制定、教师培训的组织、课程思政教学的开展、学生管理与服务、教学质量评估等方面的流程。同时，高校还需要建立相应的信息管理系统，方便信息的共享和流通。

3. 建立课程思政工作的组织机构

高校需要建立相应的课程思政工作组织机构，包括思政教育工作领导小组、课程思政工作办公室、课程思政教师团队等。这些机构应该有明确的职责和分工，确保工作的有序开展。此外，课程思政工作组织机构的建立也需要考虑到高校的实际情况，灵活应对，确保工作的高效开展。

（二）提高课程思政服务质量，增强服务功能

1. 提高课程思政服务质量

为了提高高校课程思政服务的质量，高校可以采取以下几个方面的措施：

（1）制定服务标准

制定具体的服务标准可以帮助高校课程思政服务机构明确自己的服务内容和服务要求，以及服务过程中需要遵循的规范和流程。服务标准可以包括服务内容、服务时间、服务对象、服务方式、服务效果等多个方面的要求。

（3）提高服务态度

高校课程思政服务机构应该建立良好的服务态度，积极倾听学生的需求和意见，并且及时回应和处理学生的问题和反馈。在服务中应该关注细节，注重服务品质，让学生感受到高校课程思政服务机构的诚信和专业。

（4）提高服务效率

提高服务效率可以让学生得到更快速、更便捷的服务体验，从而提升服务质量。高校

课程思政服务机构可以采用一些技术手段和信息化管理手段来提高服务效率，比如建立在线服务平台、利用社交媒体和移动应用程序等。

2. 增强服务功能

除了提高服务质量，高校课程思政服务机构还需要增强服务功能，以满足学生、教师等各方面的需求。

（1）提供个性化服务

课程思政服务应该注重学生的个性化需求，为学生提供更加符合他们个人特点和兴趣爱好的服务。学生可以在课程思政中体验到自己的个性和独特性，得到更好的发展和成长。

（2）引入前沿技术

课程思政服务可以引入前沿的技术手段，例如网络教学平台、虚拟现实技术、智能化辅助教学等，以提高教学质量和效率。通过这些技术手段，可以更好地实现课程思政的教学目标和任务，提高学生的学习兴趣和积极性。

（3）开展多元化活动

为了让学生更好地参与课程思政教学，服务方应该开展多元化的活动，例如课外实践、社会实践、讲座、研讨会等。这些活动可以激发学生的学习热情，增强他们的实践能力和创新能力，提高课程思政教学的实效性。

（4）加强与社会的联系

课程思政服务方还应该加强与社会的联系，与社会各界建立良好的合作关系。这不仅可以为学生提供更多的学习机会和资源，还可以帮助学生更好地了解社会，认识社会发展趋势，更好地为社会服务。

（5）实行质量保障

课程思政服务方应该实行有效的质量保障措施，对课程思政服务进行监督和评估。通过这些措施，可以及时发现问题并加以解决，提高课程思政服务的质量和效率。同时，还可以为学生和家长提供权威的服务认证，让他们更加放心地选择和使用课程思政服务。

四、加强课程思政评估工作，建立有效的评估机制

（一）建立科学的课程思政评估指标体系

1. 建立课程思政评估指标体系的必要性

（1）推动高校课程思政发展

课程思政评估指标体系可以对高校课程思政进行全面评估，发现问题和不足，进一步推动课程思政发展。

（2）提高课程思政质量

评估指标体系可以提高课程思政教育质量，确保教育教学效果的达成，不断优化课程设计和教学方法，使教育教学更具针对性和实效性。

（3）加强课程思政管理

建立课程思政评估指标体系，可以加强对课程思政的管理，规范课程思政的实施和管理流程，确保课程思政教育的有效实施。

2. 建立科学的课程思政评估指标体系的原则

（1）客观性原则

评估指标体系应客观、公正、科学，不受主观因素影响，真实反映课程思政教育的情况和效果。

（2）全面性原则

评估指标体系应该覆盖课程思政教育的各个方面，包括教育教学设计、教师教学质量、学生思想品德素质、社会效益等多个维度。

（3）科学性原则

评估指标体系应基于科学的理论基础和实践经验，符合教育教学的规律和特点，具有可操作性和可比性。

（4）前瞻性原则

评估指标体系应具有前瞻性，能够预测课程思政教育的未来发展方向，为高校未来的课程思政发展提供指导和参考。

3. 建立科学的课程思政评估指标体系的具体内容

（1）课程设计指标

评估课程思政的教学设计是否符合教育教学的规律和特点，包括课程结构、教学内容、教学方法、教学资源等方面。具体指标如下：

课程结构是否合理：包括开设目的、学时设置、课程负责人及教师团队建设等。

教学内容是否丰富：包括教学内容的时代性、科学性、前瞻性等。

教学方法是否多样化：包括教学方法的多样性、针对性和适应性等。

教学资源是否充足：包括课程资源的来源、实用性和可操作性等。

（2）教师指标

评估教师的教学能力和教育素养是否达到课程思政的要求，包括教学态度、教学能力、教学经验等方面。具体指标如下：

教学态度是否积极：包括教师的思想政治素质、爱国主义精神、团队协作精神等。

教学能力是否高超：包括教师的教学技能、教育教学研究能力、实践能力等。

教学经验是否丰富：包括教师的教学经验、科研成果等方面。

（3）学生指标

评估学生对课程思政的学习效果和对思政课的认同程度，包括学习态度、学习成果、学习满意度等方面。具体指标如下：

学习态度是否认真：包括学生的课前预习、课后复习、课内互动等方面。

学习成果是否优秀：包括学生的学习成绩、学科素养、思想政治素质等方面。

学习满意度是否高：包括学生的满意度、课程评价等方面。

（4）社会指标

评估课程思政的社会影响和服务能力，包括教育教学质量、社会责任感、公益性等方面。具体指标如下：

教育教学质量是否优秀：包括教育教学质量的评价、教育教学成果等方面。

社会责任感是否强烈：包括高校的社会责任、教育公益性等方面。

公益性是否突出：包括课程思政的社会效益、公益性等方面。

（二）推进课程思政评估结果的运用，优化课程思政建设

一方面，高校可以通过评估结果对课程思政教学进行有针对性的优化。评估结果可以指出教学中存在的问题和不足之处，高校可以针对这些问题制定相应的改进计划，进一步完善课程思政的教学内容和方法。例如，评估结果反映出课程思政教学中存在的理论与实践脱节问题，高校可以加强教学实践环节，让学生更加深入地了解和掌握理论知识。此外，评估结果还可以为高校提供其他的优化建议，如教学设备的更新、师资队伍建设等方面的建议。

另一方面，高校可以通过评估结果推进课程思政建设水平的整体提升。评估结果反映出课程思政教学的整体水平，高校可以对照评估结果，了解与其他高校的差距，并以此为基础，制定长远的课程思政建设规划，逐步提升课程思政教学水平，使其达到更高的水平和目标。

同时，高校还可以将课程思政评估结果运用到高校的管理中。评估结果可以为高校提供有关管理方面的建议和参考，从而更好地管理和组织课程思政建设工作。例如，评估结果可以指出某些教师教学能力较弱，这就需要高校在教师培训、考核、评优等方面进行更加有针对性的管理和支持，帮助教师提升教学水平。

值得一提的是，为了更好地推进课程思政评估结果的运用，高校可以制定相应的实施细则和评估标准，建立健全评估结果的反馈机制。通过完善相关制度，高校可以更好地发挥课程思政评估的作用，实现课程思政教学的不断提高和优化。

五、实现教育资源配置均衡，提高课程思政教学的质量和水平

（一）加大对教育资源配置的投入，提高教育资源的均衡性

1. 加大对教育资源的投入

高校教育资源主要包括师资力量、教学设施、图书馆和实验室等。这些资源的建设和更新需要大量资金的支持。因此，高校教育资源的优化和升级需要加大对教育资源配置的投入。

首先，政府应该加大对高校教育资源的资金投入。政府可以通过设立教育专项资金、加大对高校科研的支持、增加对高校的财政补贴等方式，提高高校的教育资源配置水平，促进高校的教育质量和水平的提升。

其次，高校可以通过多种方式增加教育资源的投入。比如，可以积极吸引社会捐赠和企业赞助，通过校企合作等方式增加对高校教育资源的投入。另外，高校可以鼓励教师和学生积极参与各类科研项目，提高高校教育资源的质量和水平。

2. 优化资源配置结构

高校应该根据学科特点和教学需求，优化教育资源的配置结构，增加有针对性的投入。例如，在人文社科类课程思政建设中，应该注重图书馆资源和人文阅读室的建设，为学生提供优质的阅读环境和资源。而在工程技术类课程思政建设中，应该加强实验室建设，提供实践性的教育资源。此外，高校还应该注重教师队伍建设，加强对教师的培训和支持，提高教师的教学水平和素质。

3. 加强区域教育资源的整合

教育资源不均问题往往存在于一些经济欠发达的地区和地级市。在这些地区，高校和地方政府应该加强合作，整合和共享教育资源。例如，高校可以向地方政府提供技术和教学支持，帮助地方政府提高教育质量。同时，地方政府可以向高校提供土地和资金等方面的支持，帮助高校扩大高校的教育资源配置是一个关键问题，影响着高校教育的公平性和质量。随着高校数量的增加和教育资源的不均衡分配，部分高校教育资源的质量和数量明显不足，导致了一些地区的教育质量较差。因此，加大对教育资源配置的投入，提高教育资源的均衡性，成为了当今高校教育发展的必要措施之一。

4. 提高教育资源的均衡性

在高校教育资源的配置中，均衡性是一个重要的问题。部分高校的教育资源配置较差，导致教育质量不高。因此，提高教育资源的均衡性，对于促进高校教育的公平性和提

升教育质量具有重要的意义。

首先，政府应该加大对教育资源贫困地区的支持力度。通过增加教育专项资金的投入，加大对教育资源贫困地区的支持，以缩小不同地区的教育资源差距。

其次，高校应该加强内部的教育资源的配置。高校可以通过建立有效的资源管理机制，提高教育资源的利用率，保证教育资源的均衡配置。同时，高校还可以建立开放共享的教育资源平台，让各高校之间共享资源，避免重复建设，提高资源利用效率。

此外，高校还应该重视教师的培训和发展，提高教师的教学水平和素质。高校可以通过建立教师培训体系，针对不同层次的教师进行不同形式的培训，提高教师的教学技能和课程思政素养。同时，高校还可以为教师提供学术交流、科研支持等方面的服务，促进教师的学术研究和专业发展。

最后，高校还应该注重与地方政府的合作，争取更多的政策和资金支持，推动课程思政教学的发展。高校可以通过与地方政府的合作，共同制定课程思政教学发展计划和政策，争取更多的资金支持，提高课程思政教学的质量和水平。同时，高校还可以与地方政府合作，建立实习基地、联合实验室等，提供更好的实践教学环境，促进课程思政教学与社会实践的有机结合。

（二）推进课程思政教学质量评估，实现课程思政教学的高质量和高水平

1. 课程思政教学质量评估的必要性

（1）推动课程思政教学改革

评估是对教学质量的有效检测和监管手段，可以为高校课程思政教学改革提供科学依据。通过对教学质量的评估，可以发现课程思政教学中存在的问题和不足，有利于促进教学改革，推动教育教学模式的创新和发展。

（2）提高课程思政教学的质量

评估可以帮助高校课程思政教师和管理人员深入了解课程思政教学的实际情况和存在的问题，及时采取措施进行改进，提高课程思政教学的质量和水平，有利于培养具有中国特色社会主义价值观的高素质人才。

（3）增强学生的学习动力和学习兴趣

评估结果可以向学生展示课程思政教学的效果和成果，激发学生的学习动力和学习兴趣，促进学生更好地参与到课程思政教学中来，有利于提高学生的学习成绩和学习效果。

2. 课程思政教学质量评估的指标和方法

（1）评估指标

课程思政教学质量评估的指标应该是多维度的，包括教师的教学能力和专业素养、课

程设置与设计、教学方法和手段、教学效果等方面。具体指标如下：

①教师的教学能力和专业素养，包括教学经验、学历背景、科研成果、课堂授课效果等。

②课程设置与设计，包括课程目标、教学内容、教学大纲、教材使用等。

③教师教学能力和教学方法，包括教师的教学水平、教学方法的多样性和适应性、课堂互动等。

④学生学习情况和效果，包括学生学习态度、学习能力、学习成绩、思想政治表现等。

⑤课程思政的社会影响，包括课程思政对于学生的思想政治素质的提升、对于社会主义核心价值观的传承和弘扬、对于国家发展和社会进步的贡献等方面的评估。

以上五个方面都是课程思政教学质量评估的重要指标，需要制定科学合理的评估标准和方法，通过定量和定性相结合的方式，全面客观地评估课程思政教学的质量和效果，为课程思政的建设提供有力的数据支持和指导意见。

同时，应该注意课程思政教学质量评估的周期性和长期性，不应该把评估当做一次性的、单一的活动，而是应该将评估纳入到长期的课程思政建设规划中，定期进行评估和反思，并根据评估结果及时调整和优化课程思政教学设计和实施过程，以达到不断提升课程思政教学质量和效果的目的。同时，应该充分利用评估结果，及时通报给相关的管理人员、教师和学生，引导他们更加重视课程思政教学质量，不断提升自身的教学能力和学习水平，为高校课程思政的发展和建设贡献力量。

六、建立多元化的课程思政教育形式，满足不同学生的需求

（一）推进多元化的课程思政教育形式，满足不同学生的需求

1. 多元化的课程思政教育形式

（1）互动式课程

互动式课程强调学生的主动性和参与性，通过对话、讨论、研讨等多种形式，鼓励学生表达自己的观点和看法，增强学生的思考能力和创新能力，提高课程思政的实效性。

（2）实践教学

实践教学是将理论和实践相结合的一种教学形式，可以帮助学生更好地理解和掌握课程思政的内容和理论知识，提高学生的实践能力和综合素质。

（3）网络课程

随着互联网技术的不断发展和普及，网络课程成为一种重要的课程思政教育形式。通过

网络课程，学生可以灵活地学习和掌握课程思政的内容和知识，提高学习的效率和便捷性。

（4）个性化教育

个性化教育强调根据学生的特点和需求，采取不同的教学方法和方式，满足不同学生的需求，提高课程思政的针对性和实效性。

（5）实训课程

实训课程是一种注重实践、注重技能的课程思政教育形式，通过实际操作和实践训练，提高学生的实践能力和技能水平，使学生更好地适应社会的发展和变化。

2. 推进多元化的课程思政教育形式的意义

（1）提高课程思政教育的实效性和针对性

通过推进多元化的课程思政教育形式，可以更好地满足不同学生的需求和期望，提高课程思政教育的实效性和针对性，增强学生对课程思政的理解和认识。

（2）促进学生的创新能力和综合素质的提高

多元化的课程思政教育形式可以鼓励学生积极参与，从而促进学生的创新能力和综合素质的提高。高校可以通过以下措施来实现：

①创新教学模式，提高课程思政的实效性和吸引力。高校可以通过采用多元化的教学模式，如讲座、小组讨论、案例分析、实践教学等方式，来满足不同学生的学习需求，提高课程思政教育的吸引力和实效性。例如，通过开展思政实践活动、社会实践、科技创新等课程来培养学生的实践能力和创新精神。

②加强课程思政教育与学科教育的融合。高校可以通过将课程思政与学科教育融合，来增强课程思政的针对性和实效性，培养学生的专业技能和综合素质。例如，对于经济学专业的学生，可以开设课程思政课程"经济伦理与企业社会责任"，来提高学生的道德素养和社会责任感。

③加强课程思政教育的实践教学环节。高校可以通过增加课程思政教育的实践教学环节，来增强学生的实践能力和综合素质。例如，可以组织学生参加社区服务、志愿活动、科研实践等实践教学活动，从而培养学生的创新能力和综合素质。

④建立评价体系，对学生的综合素质进行评价。高校可以通过建立科学的评价体系，对学生的综合素质进行全面评价，从而促进学生的综合素质的提高。评价体系可以包括学科专业素质、创新能力、实践能力、道德素养等方面。同时，高校可以通过奖励制度，激励学生积极参与课程思政教育，提高学生的学习积极性。

（二）探索新的课程思政教育形式，增强课程思政的吸引力和实效性

1. 探索基于互联网技术的在线课程思政教育

随着互联网技术的不断发展，各行各业都在积极地探索和利用互联网技术，高校课程

思政教育也不例外。基于互联网技术的在线课程思政教育不受时间和地域的限制，具有灵活性、互动性和实用性等特点，可以满足学生个性化、自主化的学习需求，使学生的学习体验更为丰富和高效。

通过建立在线课程思政教育平台，可以将多种教学资源整合起来，包括教学视频、教材、案例、实践活动等，形成多种形式的在线学习内容和学习资源，为学生提供丰富的学习体验。同时，也可以借助网络平台，加强教师与学生之间的互动和交流，提高课程思政教育的针对性和实效性，更好地发挥课程思政教育的教育功能和社会效益。

2. 建立"课程思政+"的综合教育模式

随着社会的发展，高校课程思政教育的功能越来越重要，对学生的综合素质提高也要求越来越高。为了满足这一需求，建立"课程思政+"的综合教育模式显得尤为重要。

"课程思政+"的综合教育模式，就是在传统的课程思政教育中，引入各类综合素质教育内容，如创新创业、实践能力、交际能力、领导力、文化素养等，使课程思政教育更具实效性和针对性。探索"课程思政+"的综合教育模式是一种有益的探索，有助于提高学生的综合素质和实践能力，增强课程思政的吸引力。

首先，探索"课程思政+"的综合教育模式可以更好地满足学生的个性化需求，让学生根据自身情况和兴趣选择相应的教育内容。在课程思政教育中，每个学生都有不同的优势和兴趣爱好，因此，应该为学生提供多种教育内容，让学生更好地发掘自己的潜能，提高自己的综合素质。

其次，探索"课程思政+"的综合教育模式可以增加课程思政的吸引力。传统的课程思政教育过于单一，往往会让学生感到乏味和枯燥，缺乏吸引力。通过引入更多的综合素质教育内容，可以让课程思政更加丰富多彩，让学生更容易接受和喜欢课程思政教育。

此外，探索"课程思政+"的综合教育模式还可以增强课程思政的实效性。传统的课程思政教育过于理论化，难以落实到实际生活中，而综合教育模式可以更好地将课程思政教育与实践相结合，让学生在实践中学习，提高学生的实践能力和综合素质。

因此，高校应该积极探索"课程思政+"的综合教育模式，将各类综合素质教育内容引入到课程思政教育中，提高课程思政教育的针对性和实效性，让学生更好地发掘自身潜能，提高自身综合素质和实践能力。同时，高校还应该加强对"课程思政+"的综合教育模式的研究和探索，不断优化模式，推进课程思政教育的发展和进步。

七、优化高校课程思政与学科教育的关系，实现协同发展

（一）加强课程思政与学科教育的衔接，促进协同发展

1. 课程思政与学科教育的关系

课程思政与学科教育不是简单的对立关系，而是有机联系和相互促进的关系。课程思政和学科教育既有区别，也有联系，应该在统一的教育思想和教育目标下进行有效衔接，实现共同发展。

首先，课程思政和学科教育是有区别的。课程思政侧重于引导学生正确的人生观、价值观等思想观念，通过思想教育的手段，影响学生的价值观和行为方式。而学科教育则更注重于学科知识的传授和学生的能力培养，通过学科的方式，提高学生的学科素养和应用能力。

其次，课程思政和学科教育是有联系的。学科教育是课程思政的基础，课程思政也应该是学科教育的延伸。对于许多学科来说，课程思政是学科教育的重要组成部分。课程思政要与学科教育相结合，发挥互补和促进作用，实现共同发展。

2. 加强课程思政与学科教育的衔接

加强课程思政与学科教育的衔接，实现共同发展，需要从以下几个方面入手：

（1）课程设计

在课程设计方面，需要充分考虑课程思政和学科教育的差异性和联系，结合学科的特点，设计与学科教育相结合的课程思政内容。同时，在课程设置中，要注重学科之间的衔接，形成完整的学科知识体系。

（2）教师培养

教师是课程思政和学科教育的实施者，加强教师培训和专业发展，可以提高教师对课程思政与学科教育的整合能力和理解力。

3. 加强课程思政与学科教育的衔接

（1）建立"课程思政+学科教育"模式

"课程思政+学科教育"模式是一种将课程思政教育与学科教育有机融合的教学模式，旨在通过将课程思政教育与学科教育紧密结合，促进课程思政与学科知识的互动、融合，增强学生的思想道德素质和学科综合素质。

在实践中，可以通过以下几种方式实现"课程思政+学科教育"模式：

①将思政教育融入学科教学中，比如在教授相关学科知识的同时，也介绍与思政相关的理论、案例等，使学科教育更加贴近实际生活和社会发展需求。

②将学科教育融入思政教育中，比如在课程思政教育中，融入一些与学科知识相关的案例和实践活动，以加深学生对学科知识的理解和掌握。

③通过开设跨学科课程，将课程思政教育与学科教育相结合，培养学生的跨学科综合素质。

（2）加强课程思政与学科教育的衔接管理

为了确保"课程思政+学科教育"模式的有效实施，学校需要建立健全课程思政与学科教育的衔接管理机制，包括制定相关政策和管理规定，确保课程思政教育和学科教育的衔接能够得到有效保障。

具体措施可以包括：

①制定衔接管理规定，明确各学科教师在衔接过程中的职责和义务。

②建立衔接管理工作小组，负责对衔接工作进行统筹和协调，以确保各方面的配合。

③开展课程思政与学科教育的交流与研讨活动，促进相互了解、合作和学习，推进课程思政教育和学科教育的协同发展。

3. 培养具有跨学科综合素质的人才

（1）教学内容衔接

在课程思政和学科教育之间，可以设置相应的桥梁，让两者内容相互衔接，形成有机整体。例如，在学科教育中可以引入一些课程思政的内容，如社会责任感、民族精神等，以帮助学生更好地理解和运用所学知识。而在课程思政教育中，可以引入一些学科相关的内容，如科学知识、技术应用等，以加强学生的实际操作能力和专业素养。

（2）教学方法衔接

在课程思政和学科教育的教学方法上，也可以相互借鉴，互相补充。例如，学科教育可以借鉴课程思政的互动教学方法，加强学生的参与度和主动性，同时课程思政可以借鉴学科教育的实验、实践等教学方法，加强学生的动手能力和实际应用能力。

（3）教学评价衔接

在课程思政和学科教育的教学评价方面，也可以相互衔接，形成全面的评价体系。例如，除了对学科知识的考核，还可以对学生的综合素质进行评价，如学生的创新能力、领导力、交际能力等。这不仅可以促进学生的全面发展，也可以激发学生的学习兴趣和动力。

（二）推动课程思政与学科教育的融合，实现全员育人

1. 融合的意义与必要性

课程思政教育和学科教育的融合，可以使学生在学科学习中接受思想政治教育，培养综合素质，增强自身竞争力，有助于全面实现高等教育育人功能，具有重要的意义和必

要性。

首先，课程思政教育的融入可以促进学生思想政治教育的全方位、多层次和多角度展开。学科教育作为高校育人的核心内容，也是学生日常学习的主要内容。课程思政教育的融入可以让学生在学科教育中不断接受思想政治教育，增强其综合素质。

其次，融合可以加强课程思政与学科教育之间的联系。传统意义上，课程思政教育与学科教育是两个独立的教育体系，彼此之间缺乏联系，缺少互相支持和互相促进。而课程思政教育与学科教育的融合可以使两者之间建立联系，增强互相支持和互相促进的作用，更好地实现高等教育育人功能。

最后，课程思政教育和学科教育的融合可以提高高校学生的综合素质，为其将来的就业和社会生活奠定基础。在当前竞争激烈的就业市场中，综合素质是就业竞争力的重要因素之一。课程思政教育与学科教育的融合可以培养学生的综合素质，提高其就业竞争力。

2. 优化融合的教学方法

（1）积极运用信息化技术

信息化技术的发展，为课程思政融合提供了新的思路和方法。在信息化时代，以互联网和数字化技术为代表的信息化手段，已经渗透到了各个领域。在课程思政融合的教学中，教师可以利用信息化手段，通过网络、教学软件等多种方式，为学生提供更为便利和高效的教学服务。例如，可以通过网络视频、网络直播等形式，让学生在课外也能够学习相关知识和技能，提高学生的自主学习能力和信息获取能力。此外，利用网络平台还可以开展在线互动，增强课程思政的互动性和参与性。

（2）运用案例教学法

案例教学法是一种以实践案例为主要教学资源的教学方法。在课程思政融合的教学中，教师可以利用案例教学法，通过实际案例来指导学生的学习和思考，帮助学生更好地理解和掌握相关知识和技能。通过案例教学法，不仅能够提高学生的兴趣和参与度，还可以激发学生的创新意识和创新能力。

（3）注重实践教学

实践教学是课程思政融合教学的重要组成部分。在实践教学中，学生可以通过参与实践活动，将所学的知识和技能运用到实际生活中，从而更好地理解和掌握相关知识和技能。同时，实践教学还可以提高学生的团队合作能力、创新能力和实际操作能力，为学生的综合素质培养提供了重要支撑。

3. 构建融合的育人体系

（1）构建融合的育人目标

既要注重学科教育的专业性和深度，又要重视课程思政教育的综合性和广度。通过将两者有机融合，形成融合的育人目标，从而培养具有综合素质和专业技能的高素质人才。

（2）构建融合的课程体系

将课程思政与学科教育的课程设置进行融合，通过整合资源、协同开发，形成融合的课程体系，使学生能够在学科教育中获取专业知识，同时在课程思政中增强综合素质和人文关怀。

（3）构建融合的教学模式

在教学过程中，既要注重学科教育的专业性，又要注重课程思政的综合性。可以采用项目驱动、案例教学、小组讨论等多种教学方法，增加学科教育和课程思政教育之间的联系和互动，从而提高教学效果。

通过构建融合的育人体系，可以更好地实现课程思政与学科教育的融合，促进全员育人，为培养具有跨学科综合素质的人才奠定基础。

参考文献

[1] 陈华栋. 课程思政 [M]. 上海：上海交通大学出版社，2020.

[2] 王亚凌，廖建光. 高等数学课程思政改革版 [M]. 北京：北京理工大学出版社，2019.

[3] 沈赤. 课程思政经典案例选 1 [M]. 杭州：浙江大学出版社，2020.

[4] 何燕红，程迪. 思想政治（品德）课程与教学论 [M]. 成都：西南交通大学出版社，2018.

[5] 楚国清，孙善学. 课程思政"三金"优秀教学设计案例 [M]. 北京：首都经济贸易大学出版社，2020.

[6] 张瑞瑛. 为梦想插上翅膀 大学体育课程思政教程 [M]. 沈阳：东北大学出版社，2020.

[7] 陈飞. 新时代大学生就业指导 课程思政版 [M]. 厦门：厦门大学出版社，2020.

[8] 文学禹，韩玉玲. 新时代高校课程思政教学创新研究 [M]. 长春：吉林大学出版社，2020.

[9] 杨惠媛，赵建. 外语教学课程思政改革论文集 [M]. 天津：天津大学出版社，2019.

[10] 盖庆武，贺星岳. 新时代高职课程思政理论与实践 [M]. 杭州：浙江工商大学出版社，2019.

[11] 滕飞. 思行致新 高校思政育人工作的探索与实践 [M]. 北京：中国经济出版社，2018.

[12] 顾晓英. 媒体中的我们 聚焦上海大学课程思政 2014-2019 [M]. 上海：上海大学出版社，2020.

[13] 李开伟. 高职院校测绘专业课程思政特色教材 GNSS 定位测量技术 第 2 版 [M]. 成都：西南交通大学出版社，2021.

[14] 傅畅梅，曲洪波，赵冰梅. 课程思政建设背景下思想政治理论课实践教学研究 [M]. 沈阳：东北大学出版社，2020.

[15] 叶勇，康亮. 新时代高职院校工科专业课程思政教育探索 [M]. 成都：西南交通大学出版社，2019.

[16] 亓凤香. 中华优秀传统文化融入思政课教学研究 [M]. 长春：吉林大学出版社，2020.

[17] 崔戴飞，徐浪静. 高校德育成果文库 思政活动课程建设案例集 有爱篇 [M]. 北京：光明日报出版社，2020.

[18] 李彦冰，周春霞. 新闻传播专业思政的理论与实践 [M]. 北京：知识产权出版社，2020.

[19] 刘文红. 新闻传播课程思政论文集 [M]. 北京：知识产权出版社，2018.

[20] 杨章钦，徐章海. 思政理论课教学改革与大学生思政教育互动研究 [M]. 上海：上海财经大学出版社，2017.

[21] 施索华，裴晓涛，梁钦. 新时代高校思政课的"打开方式" [M]. 桂林：广西师范大学出版社，2018.

[22] 刘明新. 进思 [M]. 北京：光明日报出版社，2018.

[23] 王钱超. 经营思政课 地方高校的探索与实践 [M]. 合肥：合肥工业大学出版社，2017.

[24] 甘玲. 践行渐悟 高校思政课实践教学的探索与实践 [M]. 燕山大学出版社，2017.

[25] 王静. 构建外语院校特色思政工作体系的理论思考与实践探索 [M]. 北京：光明日报出版社，2019.

[26] 王韶兴，孙世明. 他山之石 大学生喜爱的思政课 [M]. 济南：山东大学出版社，2016.

[27] 胡光琴. 探索课程模式变革，推动课程教学创新 [M]. 昆明：云南大学出版社，2020.

[28] 章其真. 中国近现代史纲要课程教学与实践研究 [M]. 南京：江苏人民出版社，2019.

[29] 徐雁，冯清，余虹. 思政实践课实训指南 [M]. 武汉：武汉大学出版社，2016.

[30] 王长民. 铸就信仰 高校思政课教学创新 [M]. 南京：南京师范大学出版社，2017.